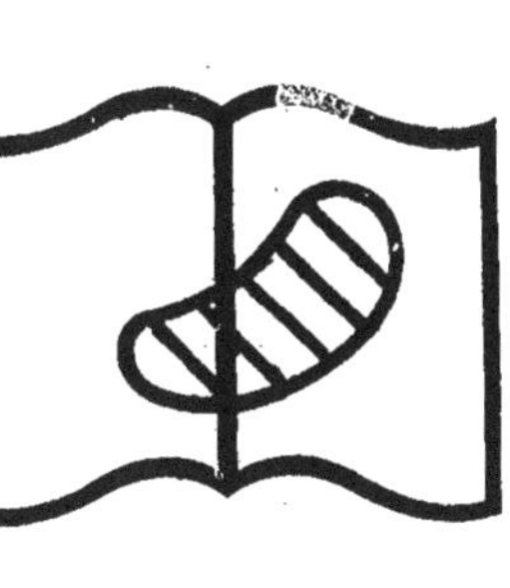

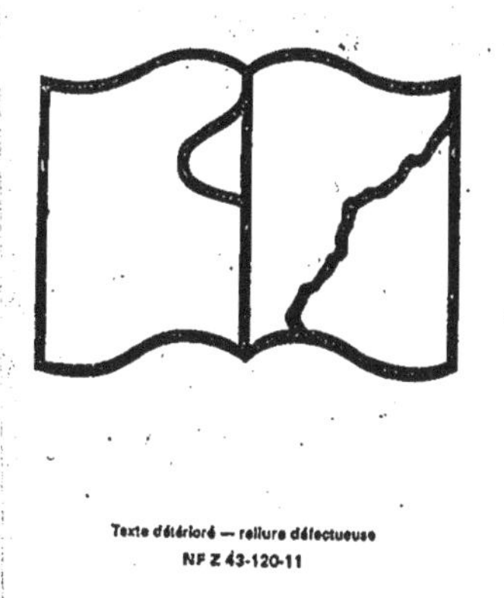

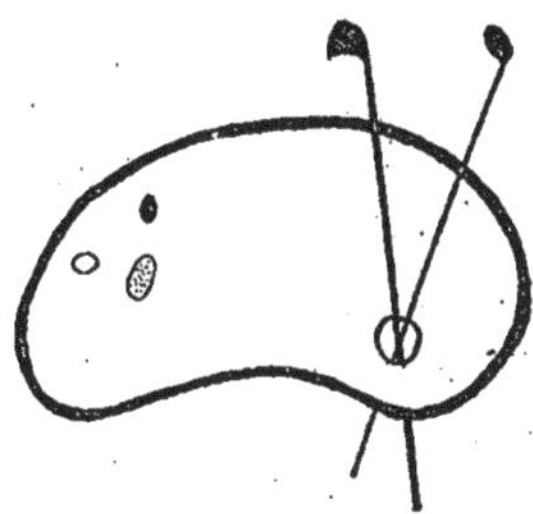

BREVETS DE CAPACITÉ — CERTIFICAT D'APTITUDE PÉDAGOGIQUE

L. CHASTEAU

RÉDACTIONS

PÉDAGOGIQUES

SUJETS TRAITÉS & A TRAITER

OUVRAGE FAISANT SUITE A TOUS LES COURS DE PÉDAGOGIE
ET PARTICULIÈREMENT A CELUI DU MÊME AUTEUR

L'homme peut à proportion de ce qu'il sait.

BACON.

PARIS

LIBRAIRIE PICARD-BERNHEIM ET Cⁱᵉ

ALCIDE PICARD & KAAN, ÉDITEURS

11, RUE SOUFFLOT, 11

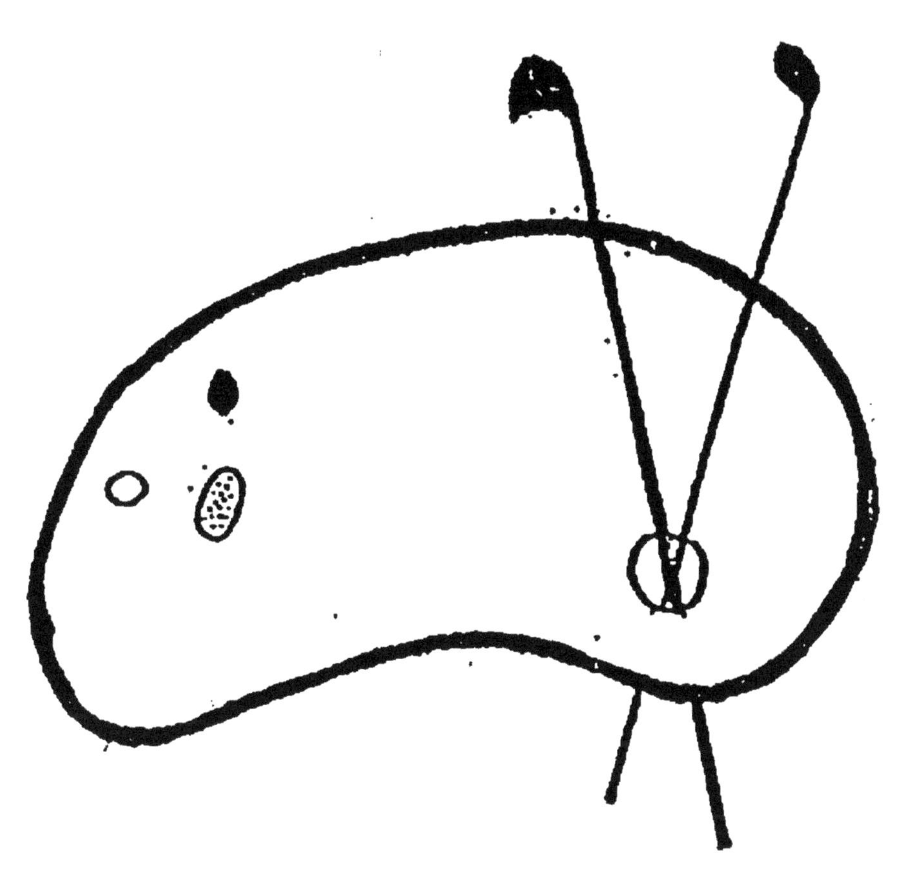

FIN D'UNE SERIE DE DOCUMENTS
EN COULEUR

RÉDACTIONS PÉDAGOGIQUES

L. CHASTEAU

RÉDACTIONS
PÉDAGOGIQUES

SUJETS TRAITÉS & A TRAITER

OUVRAGE FAISANT SUITE A TOUS LES COURS DE PÉDAGOGIE
ET PARTICULIÈREMENT A CELUI DU MÊME AUTEUR

DEUXIÈME ÉDITION

L'homme peut à pro-
portion de ce qu'il
sait.

BACON.

PARIS
LIBRAIRIE PICARD-BERNHEIM ET Cie
ALCIDE PICARD & KAAN, ÉDITEURS
11, RUE SOUFFLOT, 11

1888
Tous droits réservés.

AUX LECTEURS

Ce volume vient compléter nos *Leçons de Péda-gogie*, accueillies avec tant de faveur par le personnel de l'enseignement.

La préparation de l'instituteur au *Certificat d'aptitude pédagogique* ne pourrait en effet s'achever facilement s'il ne possédait une série de modèles lui indiquant la marche à suivre pour traiter sans trop de difficulté les sujets proposés à l'examen.

Aussi, afin de faciliter ce travail, fort difficile quand on manque de directions et de conseils, nous avons traité ici les sujets proposés dans nos *Leçons de Pédagogie*. Nous y avons joint aussi les développements de textes nouveaux empruntés à d'autres examens du même genre.

Cet ouvrage se compose de **deux parties :** dans la première sont placés des *sujets développés*, tels qu'on les exige aux examens; dans la seconde, les sujets proposés sont préparés pour le travail personnel et ne sont accompagnés que d'un *plan*.

Lorsque, familiarisé avec nos *Leçons de Péda-*

gogie et la première partie du présent ouvrage, le candidat voudra travailler de lui-même, il ne sera pas aussitôt abandonné à ses propres forces. Nous l'aidons encore, moins, il est vrai, qu'au début, mais assez pour lui fournir les inspirations qui peuvent lui manquer et la marche à suivre dans le développement de pensées peu familières à son esprit.

Nous avons indiqué ailleurs comment le travail personnel devait être conduit pour amener d'heureux résultats. Nous ne nous répéterons pas ici. Nous n'ajouterons que quelques mots résumant la tâche de celui qui veut convenablement traiter une question pédagogique : *observer, réfléchir, disposer méthodiquement ses idées, conclure en appliquant la théorie à la pratique journalière,* enfin *écrire simplement.*

Et maintenant, chers lecteurs, courage et persévérance !

L. CHASTEAU.

Paris, avril 1886.

RÉDACTIONS

PÉDAGOGIQUES

PREMIÈRE PARTIE

(SUJETS DÉVELOPPÉS)

1

Montrer comment les divers systèmes d'éducation varient nécessairement suivant les temps et les milieux. — Découvrir et donner les raisons de ces variations (1).

DÉVELOPPEMENT

Si nous étudions attentivement l'histoire de la Pédagogie, ce qui nous frappe tout d'abord, c'est l'étonnante variété des systèmes d'éducation qui ont été tour à tour en honneur chez les peuples. Là, l'éducation toujours domestique sera essentiellement religieuse; ici, l'individu appartiendra bien plus à l'État qu'à sa propre famille, et l'on en fera avant tout un défenseur du sol, un soldat; ailleurs, un peuple, ama-

(1) Voir les *Leçons de Pédagogie*, page 7.

teur de la beauté universelle, abandonnera à l'art et à la philosophie le domaine de l'éducation. Et c'est pour cela que, dès l'antiquité, les systèmes éducatifs viennent s'opposer les uns aux autres et appeler ainsi l'attention du penseur.

Pourquoi, se demandera-t-il, ces différences si complètes dans l'éducation des hommes? La nature humaine n'est-elle donc point partout la même? N'a-t-elle pas en tout temps et en tous lieux les mêmes tendances et n'a-t-elle pas été toujours animée des mêmes passions; et pour combattre les unes et bien diriger les autres, n'aurait-on pas pu employer toujours les mêmes moyens?

Oui, assurément, l'homme n'a point varié dans l'essence même de sa nature. Ce qui a changé, c'est l'idée qu'il s'est faite de celle-ci et de sa propre destination. Ce qui a varié, ce sont encore et la constitution de la société, et le mode de gouvernement, toutes choses apportant avec elles des modifications profondes dans l'art de vivre et de penser.

Nous pourrons donc ramener à trois causes la multiplicité des systèmes d'éducation :

1° *L'opinion que l'on se fait de la nature humaine.*

2° *L'idéal qu'on désire réaliser et le but qu'on veut atteindre.*

3° *L'état social et la forme du gouvernement.*

Il est évident que si l'on suppose l'homme né mauvais, entaché d'une faute originelle dont il traîne après lui les misérables suites, qui le poussent sans trêve vers le mal, on concevra un système d'éducation essentiellement austère et répressif qui confinera même jusqu'aux limites de la cruauté. Telle devra être l'éducation pour ceux dont les croyances religieuses et philosophiques s'appuient sur les religions anciennes.

Si au contraire, ainsi que le croit une nouvelle école de philosophes, de penseurs et de moralistes, l'homme est né bon ; si *tout est bien en sortant des mains de l'auteur de toutes choses*, et si tout se dégrade sous l'action humaine ; si les tristes inclinations, les passions mauvaises, les vices cachés ou visibles des hommes, ne sont dus qu'à l'influence de la vie en société, de la lutte pour l'existence, du mauvais exemple qui flétrissent, corrompent et dégradent l'œuvre de la nature et de Dieu, l'éducateur n'aura plus qu'à éloigner le plus possible l'enfant de ce milieu pernicieux. Une fois le fonds naturel de l'enfant bien connu, on suivra, on accompagnera, on favorisera l'action de la nature. Telle était la théorie de Rousseau. Enfin, si l'on croit que l'homme est porté à la fois vers le bien et vers le mal, entre lesquels sa liberté et sa volonté peuvent choisir et s'exercer, l'éducation aura surtout pour objet d'éclairer sa volonté et de la diriger vers ce qu'il y a de meilleur. Tout le système éducatif sera dès lors fondé sur ce principe : habituer à bien penser pour arriver à bien vouloir et à bien agir.

Mais dans quel but la nature humaine, bonne ou mauvaise, agit-elle ? A quelle fin doit-elle atteindre ? Ici, les pédagogues de toutes les écoles sont d'accord : à la *perfection*, répondent-ils.

Lorsqu'il s'agit de déterminer ce qu'est vraiment cette perfection humaine, et l'idéal que l'on doit s'en faire, les écoles se séparent et la dissidence s'établit à nouveau entre elles.

L'un demande la *perfection corporelle*. Faisons d'abord de bons *animaux*, dit-il, et l'esprit, le jugement, la conscience bénéficieront de l'équilibre matériel solidement établi.

Soignons l'*âme*, dit un autre. Qu'est-ce que le corps quand l'âme en est absente ? L'homme n'est-il pas fait d'abord et avant tout pour vivre par l'intelligence et la vertu. A quoi lui servirait de gagner l'univers, s'il venait à perdre son âme ?

L'homme est fait pour la *vie en société*, dit un

troisième ; celle-ci n'est qu'une longue lutté entre les intérêts personnels et les intérêts communs. Abrégeons le plus possible à l'homme la période des tâtonnements et des incertitudes. Apprenons-lui à faire son bonheur sans nuire à celui de ses semblables. — L'homme doit être un soldat, — l'homme doit être un père de famille, — l'homme doit être un citoyen. C'est ainsi que les opinions les plus diverses, souvent même les plus contradictoires sur le but de la vie humaine, ont pu donner naissance à de nombreux systèmes d'éducation.

L'état social et la forme du gouvernement peuvent faire varier encore ces systèmes. Au temps du moyen âge, lorsque la force primait si souvent le droit, lorsque de sa lourde épée le chevalier tranchait toutes les questions, sans autre règle que sa volonté, sa foi et sa loyauté, la force brutale et matérielle était regardée comme supérieure à toute chose. La simplicité, l'honnêteté du maintien et des mœurs pouvaient être tout ce qu'on exigeait de la femme, plus protégée par son époux que par la loi.

Sous un gouvernement absolu, l'éducation ne pourra être qu'éminemment sévère et répressive, car la famille elle-même reproduira en réduction l'image du gouvernement personnel et de la société sous un tel siècle. Elle se relâchera de ses sévérités avec le régime constitutionnel, car elle verra dans l'enfant autre chose que l'un des nombreux sujets d'un seul homme, et elle commencera à tenir compte de sa volonté et de sa personnalité.

Enfin, avec les gouvernements démocratiques, l'éducation ne pourra être qu'essentiellement libérale. L'enfant sera quelque chose par lui-même, une *fin* et non un *moyen*. Appelé à tenir un jour entre ses mains une bonne part des destinées de la patrie, on lui apprendra à se discipliner, à se diriger lui-même, afin que la tâche du maître ou du père de famille, une fois achevée, il puisse, à bon escient, faire œuvre d'homme et de citoyen.

Telles sont les causes qui paraissent avoir produit la multiplicité des systèmes d'éducation. On pourrait peut-être en découvrir d'autres, mais quelles qu'elles fussent, elles se rattacheraient certainement à l'une de celles que nous avons signalées.

II

Dans quelle mesure la discipline concourt-elle à l'œuvre de l'éducation générale?

DÉVELOPPEMENT

La discipline est l'ensemble des règles auxquelles sont soumis les enfants qui reçoivent en commun l'éducation. Sa nécessité est incontestable; il est impossible d'admettre que tous ces enfants puissent faire chacun ce que bon leur semble sans nuire au progrès général, qu'il n'y ait pas une loi devant laquelle tous sont égaux et qu'aucun ne peut enfreindre impunément. Supprimez cette autorité, et vous aurez le désordre avec toutes ses conséquences fâcheuses : dissipation, abus des punitions, perte de temps, etc...

Mais, si la discipline est indispensable pour la bonne direction des études d'une classe, elle n'est pas moins désirable pour le développement moral de chaque élève en particulier, et peut-être *l'éducation publique* a-t-elle, encore ici, un avantage sur *l'éducation privée*, dont la discipline est naturellement plus flexible sans qu'il en résulte pour cela de très graves inconvénients. C'est dans *l'éducation générale* que la discipline joue un rôle de première importance ;.elle est un bien pour l'enfant même, si facilement disposé à la méconnaître ou à s'en plaindre.

Considérons les enfants des écoles publiques qui forment la majeure partie de la population scolaire. A quoi sont-ils destinés pour la plupart? A être un jour commerçants, employés, artisans surtout; ils auront donc à passer par la période de l'apprentissage. Que cette condition leur paraîtra dure s'ils n'ont pas été accoutumés à reconnaître au-dessus d'eux une autorité qu'ils doivent respecter parce que, en dépit des apparences, elle concourt à leur bien! Plus tard encore, toute leur vie peut-être, il leur faudra accepter la position de subordonnés.

Si nous envisageons dans la société les enfants des classes privilégiées, nous ne tarderons pas à admettre qu'il leur est tout aussi salutaire d'être soumis, dès le jeune âge, à une forte discipline. En effet, auront-ils à commander, leur tâche m'apparaît plus difficile à remplir que celle des premiers. *Pour savoir bien commander, ne faut-il pas d'abord avoir appris à obéir ?* Et comment l'avoir appris sans s'y être longtemps exercé?

Attribuer à la discipline une telle importance dans l'éducation générale, c'est reconnaître qu'elle peut contribuer, pour une large part, à la formation du caractère. *L'enfant qui aura été habitué à respecter la règle de l'école respectera plus facilement la loi de l'État;* il saura se créer à lui-même une discipline utile, dont l'observation pourra lui épargner bien des chutes. Comme il sentira les avantages d'une vie ainsi disciplinée, l'insubordination lui paraîtra coupable, et, bien loin de souhaiter la suppression de toute autorité légitime, il s'y soumettra librement, pourvu qu'elle ne lui demande rien d'injuste.

Donc, en même temps que l'instruction éclairera l'intelligence, l'éducation ainsi comprise, avec une discipline ferme sans dureté, fera une œuvre bien plus utile encore; elle préparera à la patrie des citoyens dévoués, des soldats esclaves du devoir, des hommes dignes de ce nom que ne séduiront pas les vains discours d'utopistes voulant détruire l'édifice social dans sa base, en abolissant la loi. Enfin, ce qui n'est pas moins nécessaire, cette éducation formera des femmes énergiques et instruites, qui ne se laisseront entraîner ni par les préjugés, ni par les superstitions, qui sauront discipliner leurs enfants, et seront capables de compléter l'éducation publique en secondant les instituteurs dans cette partie si importante de leur tâche, où difficilement ils réussiraient seuls : *la formation du caractère.*

III

En quoi et comment le développement des inclinations sympathiques peut-il faciliter la tâche de l'instituteur chargé de l'éducation et de l'instruction d'un grand nombre d'enfants?

DÉVELOPPEMENT

L'homme se sent attiré vers ses semblables, il est enclin à partager leurs malheurs et leurs joies, à goûter les plaisirs de la vie en société. Cette disposition n'est autre chose que la *sympathie.* Ce sentiment existe aussi chez l'enfant. Tout jeune, son visage devient souriant ou triste, selon que celui de sa mère exprime la joie ou la douleur, il lui donne des témoignages de sa tendresse, et on le voit rechercher avidement la société des autres enfants.

Il est utile de développer ces tendances bienveillantes, car la sympathie dispose à faire le bien, à se dévouer; elle est donc une source de charité.

Quels moyens emploierons-nous pour échauffer le cœur de nos élèves?

La sympathie est contagieuse, le véritable secret pour l'inspirer c'est de l'éprouver soi-même. Ne désespérons jamais d'un enfant sec et froid, une vive sympathie peut le transformer. L'instituteur devra donc s'attacher à ses élèves et les aimer. Qu'il les aime constamment, sans caprice, avec fermeté et douceur; qu'il aime chacun en particulier. Une bienveillance générale touche peu, on désire être distingué. L'instituteur s'intéressera à tout ce qui concerne chacun d'eux · en s'occupant sans cesse de ses élèves, on ne peut demeurer insensible à leurs souffrances et à leurs joies.

La sympathie croît avec l'activité déployée; le meilleur moyen de s'attacher à quelqu'un est de faire beaucoup de sacrifices pour lui. Nous devrons donc amener l'enfant à faire des actions désintéressées, à secourir un camarade nécessiteux par exemple. Qu'à son offrande, il sache joindre une parole émue, qu'il éprouve une vive émotion, qu'il donne un peu de lui-même enfin, car son argent ce n'est point lui.

Provoquer la charité chez l'enfant, c'est le mettre à même de sentir s'élever dans son cœur un sentiment bien doux. Il n'est point de plaisir plus délicat que celui d'être agréable aux autres.

Les inclinations sympathiques étant fortement développées, la tâche de l'instituteur chargé de l'éducation et de l'instruction d'un grand nombre d'enfants est facilitée. En effet, la sympathie inspire non seulement la crainte de causer de la peine à la personne aimée, mais encore le désir de lui plaire. Ce désir d'être agréable fera que si l'enfant aime son maître, il multipliera ses efforts pour se conformer à sa volonté. Il n'y a pas un être aimé qui ne puisse transformer celui qui

l'aime, détruire en lui de mauvais penchants, susc.
de louables désirs, vivifier son intelligence. Voilà .a
véritable puissance de l'instituteur.

L'amitié mènera l'enfant à presque toutes les choses
qu'on voudra de lui. On voit le parti qu'on en pourra
tirer pour la discipline et l'instruction. Elle augmentera
l'instinct d'imitation. Que l'enfant ait pour son maître
une vive amitié, il éprouve a aussi le besoin d'aimer ce
qu'il aime, d'admirer ce qu'il admire, de détester ce
qu'il déteste. Il le respectera, car le respect dérive de
l'affection qui entraîne avec elle l'estime et même la
vénération.

L'affection entre le maître et ses élèves rendra donc
la direction plus facile, les exemples plus féconds. Si
ce lien unit les élèves d'une même classe, les effets
seront non moins heureux. On verra naître l'esprit de
camaraderie qui ne laisse place ni à la jalousie ni à
l'envie, et qui vit de dévouement, de loyauté, de support
mutuel. L'amitié elle-même viendra peut-être remplacer
ce sentiment un peu banal, il faut l'avouer, et si elle est
saine, elle sera féconde, forte et durable.

Les inclinations sympathiques développées dans
l'école fortifieront les affections de la famille et l'amour
de la patrie. L'étude de l'histoire et l'enseignement
civique nourriront ce sentiment instinctif. En un mot,
développer les inclinations sympathiques, ce sera aider
au bonheur individuel des enfants comme au bonheur
de l'humanité tout entière.

IV

Il faut enseigner le moins possible et faire trouver le plus possible (SPENCER).

Expliquer cette pensée et montrer à quelle méthode d'enseignement elle se rapporte.

DÉVELOPPEMENT

Enseigner, c'est donner des leçons, c'est instruire. On peut dire aussi qu'enseigner, c'est choisir, car il faut, en effet, prendre, parmi les connaissances dont on a fait provision, celles qui seront nécessaires ou utiles à ceux qui nous écoutent ; il faut aussi les leur présenter dans la mesure que comporte leur degré de développement intellectuel, suivant la part d'attention et de temps qu'ils peuvent mettre à notre disposition.

Or l'instituteur ne dispose des enfants qui lui sont confiés que pendant quelques années seulement, jusqu'à un certain âge, avant lequel il faut qu'il ait suffisamment meublé leur esprit et formé leur conscience morale. Le temps lui est mesuré avec une telle sévérité, qu'il ne saurait perdre une heure ou faire une tentative vaine, sans porter préjudice à ses élèves. Il est donc de toute nécessité qu'il connaisse les meilleurs moyens à employer pour mettre son savoir en rapport avec celui de ses élèves.

Deux grandes méthodes peuvent permettre au maître d'atteindre ce but :

1° la MÉTHODE SYNTHÉTIQUE, ou méthode *déductive*, ou *démonstrative*, ou *expositive*.

2° la MÉTHODE ANALYTIQUE, ou méthode *inductive*, ou *inventive*, ou *socratique*.

Dans l'enseignement *didactique* ou *expositif*, le

maître parle seul; il professe sans s'interrompre et sans se laisser interrompre. Il est écouté avec plus ou moins d'intérêt d'abord, avec plus ou moins d'ennui ensuite. S'il ne sait pas captiver l'attention des enfants et produire en eux l'émotion nécessaire à la durée des souvenirs, il ne leur restera le plus souvent que des impressions fugitives, des souvenirs vagues qui ne tarderont pas à s'effacer, car cet enseignement s'adresse surtout à la mémoire.

Or, ce qu'il faut à nos enfants, ce sont des connaissances nettes et précises, surtout durables, qui leur assurent tout le savoir pratique dont ils auront besoin dans la vie, et qui agissent sur leurs facultés, forment leur esprit, le cultivent, l'étendent et constituent vraiment une éducation.

Mais tout cela exige l'effort personnel, la coopération effective de l'élève au labeur de son maître, une collaboration soutenue à son œuvre, suivant cet adage d'un pédagogue moderne : *ce que le maître fait est peu de chose; ce qu'il fait faire est tout.*

Il semble, dit de son côté Mme Necker de Saussure, qu'en exigeant l'avancement dans la théorie et dans la pratique, on pourvoit par cela seul au développement des facultés. Les connaissances théoriques excluent, j'en conviens, l'aveugle routine, et pourtant on peut les acquérir sans que l'intelligence ait tout son essor. La faculté d'investigation n'est pas exercée quand l'élève ne fait autre chose que comprendre ce qu'on lui explique. Les efforts d'attention peuvent être grands chez lui, excessifs même, sans que tout son esprit soit exercé. Pour lui donner une véritable activité, il faut avoir à lui proposer une recherche.

Il faut donc l'associer à la leçon de son maître, faire qu'il y prenne une part active, au lieu d'être un auditeur passif, attentif peut-être, mais, vu son âge et sa nature, le plus souvent distrait et ennuyé. Il faut voir en outre ce qui se passe chez lui, ce qui trotte dans sa petite tête, s'il est ému et comment il l'est, s'il pense et sent juste, et s'il n'y a pas quelque chose à réformer dans ses idées et dans ses sentiments.

En agissant ainsi, on emploie alors la méthode *analytique* ou *socratique*. Cette méthode étant essentiellement inventive est merveilleusement secondée par l'interrogation qui fait un appel constant aux forces vives de l'intelligence, à la mémoire, au jugement, à l'association des idées, à l'imagination. C'est une méthode naturelle et inductive par laquelle, à l'aide de questions s'adressant plutôt au jugement qu'à la mémoire, on force les élèves à découvrir par eux-mêmes les choses qu'on veut leur enseigner. Spencer fait donc allusion à cette méthode lorsqu'il dit qu'*il faut enseigner le moins possible et faire trouver le plus possible*. Cette pensée est pleine de justesse et présente un double avantage : d'abord, elle satisfait le besoin d'activité qui existe chez l'enfant et qui est contrarié quand le maître parle et pense pour lui, et elle permet au maître de juger de ses aptitudes et de ses préférences intellectuelles.

Mais il ne faut demander à l'enfant que ce qu'il peut déjà savoir, partir toujours de faits bien connus, bien compris et de telle nature qu'ils le conduisent aisément, par l'association des idées, à d'autres faits, dont le rapport soit assez apparent pour qu'il puisse l'apercevoir; si alors les questions sont naturellement graduées, il pourra y répondre et croira réellement avoir inventé telle ou telle vérité. Il est rare que les connaissances ainsi acquises se perdent jamais, parce qu'elles sont entrées profondément dans l'intelligence de l'enfant sous la double action de la joie, de la découverte et de la surprise qu'elle a procurées. Mais rien n'est plus malaisé que de bien mener un exercice de ce genre, de ne pas excéder la mesure des interrogations possibles, de ne pas rester en deçà, de conserver le mouvement et la vie à un exercice qui dégénère si vite en une récitation machinale. Là est le plus grand danger : on retombe dans le questionnaire, où se cantonnent paresseusement le maître et l'élève, et, au lieu d'une gymnastique fortifiante, on n'a plus qu'un mécanisme en quelque sorte artificiel.

De l'enseignement *didactique* ou de l'enseignement *socratique*, quel est donc le meilleur! Si la meilleure méthode est celle qui se conforme le mieux au mouvement naturel des facultés et qui leur donne le plus complètement satisfaction, la méthode analytique ou socratique, qu'emploie l'*induction*, est évidemment la meilleure. En effet, l'enfant s'instruit par analyse, peu à peu, en allant du connu à l'inconnu, des connaissances concrètes aux connaissances abstraites. Mais il ne suffit pas de savoir deviner et acquérir des connaissances nouvelles, il faut encore savoir raisonner sur ces connaissances et trouver logiquement les connaissances qui en découlent. C'est l'œuvre de la *déduction*. Sans être d'une aussi grande valeur que l'induction, la déduction et la synthèse habituent l'esprit à prévoir, à éviter, à provoquer des conséquences, ce qui est fort important. C'est par la déduction qu'on vérifie les hypothèses de l'induction, de telle sorte que, pour arriver à bonne fin, il est nécessaire que l'une s'appuie sur l'autre.

Le mieux est donc d'associer les deux méthodes, de faire à la déduction une place à la suite de l'induction. Cela est d'ailleurs forcé; car, indépendamment des sciences qui ne peuvent s'enseigner autrement, comme la géométrie, on a partout besoin du raisonnement déductif. Quelque chemin qu'on ait suivi pour arriver à un principe, à une règle, cette règle sera ultérieurement appliquée, et toute application sera une déduction. Mais il faut, dans l'emploi des deux méthodes, observer un ordre chronologique en harmonie avec le développement mental : dans les premières années, les facultés en jeu chez l'enfant sont la *perception*, la *mémoire*, l'*imagination*; le raisonnement ne vient que plus tard. L'instituteur fera donc prédominer au début la méthode inductive ou inventive, et il réservera la méthode déductive ou expositive pour un âge plus avancé, tout en se gardant d'employer la méthode d'exposition non interrompue qui ne convient ni à son modeste enseignement, ni à son auditoire d'enfants de six à treize ans.

V

Montrer que l'observation de lui-même et l'observation de ses élèves est la première obligation d'un éducateur. Résultats de cette double observation.

DÉVELOPPEMENT

L'enfant est beaucoup plus observateur qu'attentif. Toujours préoccupé de son plaisir, il observe avec le plus grand soin tout ce qui lui a causé une joie ou une peine.

Il observe vite et sûrement, il étonne à chaque instant par les remarques qu'il a faites sur tout ce qui se passait autour de lui, alors même qu'il paraissait le plus absorbé par autre chose. Il juge fort bien des sentiments des personnes qui l'entourent et il sait parfaitement discerner celles qui lui sont réellement dévouées et celles surtout dont il peut abuser à cause de leur bonté.

La première obligation de l'éducateur est donc de s'observer afin d'être toujours maître de ses paroles et de ses actions. Il faut peu de temps aux élèves pour connaître le caractère de leur maître et pour savoir s'il a autant d'autorité sur lui-même qu'il veut en avoir sur eux. S'ils voient qu'il ne dit et ne fait que ce qu'il veut, ils ne craindront pas de se soumettre aveuglément à un homme dont les paroles et les actes auront le cachet d'une raison éclairée et d'une justice aussi bienveillante qu'intègre.

Si le maître, au contraire, n'a pas cette volonté ferme qu'il doit d'abord exercer sur lui-même, il lui sera bien difficile de gouverner ses élèves, d'être maître de sa classe.

Mais il ne suffit pas à l'éducateur de s'observer lui-même, il doit aussi observer ses élèves afin de connaître leur caractère et de pouvoir alors les traiter chacun suivant ce qu'il aura découvert.

Cette double observation du maître sur lui-même et sur ses élèves aura les meilleurs résultats pour l'instruction comme pour l'éducation.

Les enfants prendront vite l'habitude de respecter ce qui doit l'être, de bien faire en son temps tout ce qu'ils ont à faire. L'ordre régnera dans l'école et le travail y sera profitable. La discipline sera facile, le maître punira peu ou point, et cette absence de châtiments, jointe au repos relatif dont les enfants jouiront pendant les exercices faciles et qui retrempera leurs forces, leur permettra de garder leur bonne humeur du matin. Cet heureux état de leur esprit ne les rendra pas seulement propres à accomplir une tâche nouvelle, si ardue qu'elle soit, il agira encore sur le maître lui-même, qui, étant heureux de leur joie, apportera dans l'exercice de ses fonctions l'entrain, la vivacité, l'élan, si utiles pour rendre le travail fructueux.

Cette action réciproque des enfants sur le maître et du maître sur les enfants fera de l'école un asile de paix, d'ordre, de travail, de gaieté et de bonheur.

VI

Le travail attrayant. Comment l'usage en doit-il être compris en éducation?

DÉVELOPPEMENT

Lettre à un jeune instituteur.

Mon cher ami,

Vous voilà tout nouvellement arrivé dans l'école de H., où vous venez d'être nommé instituteur. Vous êtes plein de zèle, et vous n'avez qu'un souci : faire de tous les enfants qui vous seront confiés, de bons et dociles élèves, appliqués, studieux et bien préparés à être plus tard d'excellents citoyens. Vous voulez leur inculquer un peu de cet amour du travail que je vous ai toujours connu ; et vite, vous voilà à l'œuvre afin de leur tailler de la besogne pour tous les jours de l'année.

Les programmes sont prêts, la petite bibliothèque scolaire est pleine du haut en bas de livres à reliure de toutes couleurs, les tables sont alignées, il ne manque plus que les élèves... Ah! les voilà !

Vous les installez à leur place, chacun dans sa division, et bientôt je vois d'ici tous les yeux attentifs dirigés sur vous qui commencez une leçon. Mais quoi! déjà l'un bâille!... En voici un qui taquine son voisin sous la table, un autre qui regarde les images de son histoire de France; ceux-là, plus dociles, luttent contre l'envie qu'ils ont de ne pas vous écouter, et pendant ce temps, vous, « le bon maître, » comme vous appelaient jadis vos élèves d'un jour à l'école annexe lorsque vous étiez *normalien*, vous, intelligent, causeur, agréable, instruit, vous vous laissez gagner par cette espèce de nostalgie qui plane sur toutes ces jeunes têtes, et je vois bien que la fin de votre leçon ne ressemble en rien au début.

Que lui a-t-il donc manqué à cette leçon pour être bonne et aimable?

Je dis *aimable*, car il en est des choses, des paroles et du savoir lui-même, comme des personnes. Il est une science aimable qui attire à elle, une manière de dire qui captive, une façon de rendre ce que l'on sait ou ce que l'on sent telle, que ceux qui écoutent sont suspendus aux lèvres de celui qui parle et qu'ils ont toujours envie de leur crier : *encore!*

Donc, mon ami, votre leçon n'a pas été *aimable* et il faut que vous la rendiez aimable une autre fois.

Je sais pourtant que cette leçon avait été bien préparée, qu'hier au soir fort tard, j'aurais pu vous trouver étudiant sous le grand abat-jour vert de la petite lampe que je connais ; aussi ce n'était point la science qui manquait dans votre leçon, mais elle était maussade cette science-là, maussade comme un long jour de pluie que l'on supporte avec peine et qu'on voit finir avec joie. — Avez-vous donc oublié ce que vous disait jadis votre professeur de pédagogie à l'École Normale, et ce qu'il savait si bien mettre en pratique, lui dont jamais un élève ne s'était dérobé à l'heure du cours? Il vous disait, si j'ai bonne mémoire :

« Mes amis, avant tout, lorsque vous serez instituteurs, donnez de l'attrait au travail que vous imposez. Aujourd'hui, voyez-vous, on est revenu de cette vieille méthode qui avait introduit l'ascétisme dans l'éducation comme il l'était dans la vie. On veut que le plaisir accompagne l'étude, de même que la nature l'a mis à côté de tout développement normal d'activité ; car le travail de l'école est, par lui-même, assez pénible pour un jeune écolier sans le lui rendre plus rebutant encore par un appareil d'austère discipline tel que l'avait jadis organisé la scolastique.

« Si vous étudiez de près un jeune enfant, vous remarquerez qu'il y a chez lui une somme énorme de curiosité; et, chose merveilleuse! la nature conforme toujours sa curiosité au degré d'activité qu'il peut dépenser. De telle sorte qu'il y a action et réaction constantes entre son activité curieuse et son développement normal. — Mais si sa curiosité, si son goût pour apprendre sont nécessaires à son progrès physique, ils deviennent sans tarder un besoin pour l'enfant qui goûte les connaissances acquises avec plaisir, qui s'y attache et désire les augmenter, mais aussi qui, par contre, et logiquement, repousse comme lourd, fatigant et indigeste, tout ce que n'agrée pas son esprit.

« Les parents, même les moins instruits, sont très clairvoyants en cette matière et vous savez qu'ils ne manquent guère de nous demander si l'étude plaît à l'enfant, quelle est celle qu'il préfère; de même qu'ils ne craignent pas de nous informer si notre élève vient à l'école avec plaisir, et si, au contraire, il ne se fait pas (selon l'expression familière) un peu tirer l'oreille.

« Hé quoi! ces chers petits viendraient ainsi chaque matin chercher à l'école le pain quotidien de l'étude et nous le leur rendrions amer! Quoi! nous ne ferions pas tout ce qui dépend de nous pour leur faire aimer les livres, les compagnons des jours d'ennui ou de solitude, et souvent les amis des jours d'épreuve! Quoi! nous prendrions un ton doctoral et, du haut de notre chaire, parlant à ce petit peuple remuant comme à une société d'académiciens, nous emploierions de grands mots! Quoi! nous les ferions pâlir sur la grammaire, sur la chronologie et la succession des premiers Mérovingiens, et nous aurions le triste courage de voir sans chagrin nos plus petits pleurer pour apprendre à lire!...

« Non, non, rendez-leur le travail agréable. Dans vos leçons orales, soyez simples, clairs et brefs, mais surtout pratiques. Intéressez vos élèves par de petites expériences faciles que vous introduirez dans vos leçons de choses.

« Il faut, mes amis, que vous preniez bien fermement la résolution suivante : Pas un de mes élèves ne s'en ira le soir sans remporter quelque chose de l'école. Aujourd'hui, il aura apprécié selon qu'il peut le faire à son âge, un des faits les plus intéressants et les plus mémorables de notre histoire. Demain, il aura compris un problème qui depuis deux jours l'avait fait inutilement travailler; et, comme ce problème est analogue à beaucoup de ceux qui se présentent dans la vie ordinaire du cultivateur, du négociant ou du propriétaire et même de l'ouvrier, voici notre écolier tout fier de pouvoir désormais apporter à ceux qui l'entourent, le concours de ses modestes lumières. Une autre fois, il aura fait connaissance avec sa commune, de telle sorte qu'il sait bien maintenant le chemin le plus court pour aller à tel ou tel village, et que, s'il venait à s'égarer dans le bois voisin, il saurait bien s'orienter, aller et reconnaître son chemin. Il sait comment on tisse la toile, comment on fait les étoffes de soie, car il a vu dans une grande boîte, à côté des images représentant le ver à soie et ses métamorphoses, des cocons, des soies de toute espèce, et vous lui avez raconté l'histoire de Jacquard et la découverte du métier à tisser.

« Tout cela, vous l'avez dit simplement, en causant, comme entre amis, mais non comme entre camarades; car il faut bien que notre écolier n'oublie pas le rôle de la prépondérance du maître, et, de votre côté, il ne faut pas craindre de les lui rappeler par votre douce autorité et la dignité de votre tenue. »

Voilà, mon cher ami, ce que vous disait votre maître. N'avait-il pas raison?

Moi, j'ajouterai encore quelque chose : Je vous dirai qu'il est un autre motif pour lequel il faut rendre le travail intéressant puisque intéresser, c'est faire aimer l'étude. Outre le point de vue utilitaire sur lequel votre vieux professeur appelait votre attention, il en est un autre plus élevé et qu'il faut aussi considérer. Faire aimer le travail, c'est relever l'homme à ses propres yeux, c'est lui donner le sentiment de sa dignité, accroître sa valeur morale, en faire un meilleur citoyen. L'homme qui aime l'étude est toujours au-dessus du niveau ordinaire; le jeune homme que l'on n'a pas jadis dégoûté du travail intellectuel, trouve en lui les plus saines distractions et les plus honnêtes plaisirs. L'étude et le savoir développent les vertus sociales comme les vertus morales.

Mais, à côté de cette théorie du travail attrayant, se place tout naturellement cette question que tout bas vous m'adressez peut-être : « Dans quelle mesure l'étude doit-elle être rendue agréable? Faut-il donc dispenser l'enfant de tout effort? » Non, assurément non. Donner de l'attrait au travail au point de n'en faire qu'un jeu est mauvais dès que l'on ne s'adresse plus à de tout jeunes enfants. Faire disparaître toute peine, tout effort serait dangereux. On risquerait ainsi de fausser l'esprit des enfants, en les habituant à croire que ce que nous appelons travail n'est qu'un amusement plus ou moins imposé. Il ne faut point déguiser l'effort, mais c'est cet effort lui-même qu'il faut rendre agréable. Il ne faut point que l'enfant se dise : « Le travail me plaît parce qu'il ne coûte rien », mais au contraire, qu'après avoir accompli sa tâche, écouté une longue et laborieuse leçon, écrit un devoir difficile ou étudié une page très pénible à retenir, il pousse un de ces bons et profonds soupirs de satisfaction, comme nous en avons entendus parfois, en disant : « Ah! je suis bien content! J'ai fini mon devoir; mais comme il était difficile! » Et puis, ne serait-ce pas un crime de déguiser aussi aux enfants le côté réel et pénible de la vie? Ne doivent-ils pas savoir à l'avance que le devoir, souvent doux et souriant, a parfois aussi des aspects bien sévères, que nous devons envisager avec calme, et des nécessités devant lesquelles il faut nous soumettre?

Donc, mon cher et jeune ami, pour en finir avec cette longue lettre, je vous dirai : *Aimez vos élèves, aimez-les, selon votre âge, comme vos frères ou comme vos enfants; rendez-leur le travail doux, l'étude agréable, oubliez parfois votre titre de maître derrière la chaire où vous êtes assis; descendez jusqu'à vos écoliers, puisqu'ils ne peuvent s'élever jusqu'à vous, mais n'oubliez jamais, cependant, que vous les formez pour la vie et que le sentiment du devoir doit être à la fois leur arme et leur préservatif.*

VII

La curiosité chez les enfants.
Son rôle dans l'éducation et dans l'instruction.

DÉVELOPPEMENT

Ne nous affligeons pas lorsque nous rencontrons chez les enfants cette sorte d'appétit intellectuel qu'on appelle la *curiosité.*

Elle a des caractères très différents chez le tout jeune enfant et chez celui qui commence à être instruit et, de même, la curiosité de l'homme fait, diffère également de celle du jeune homme. En effet, chez l'enfant, en même temps qu'elle est le premier indice de son intelligence, elle est légère, mobile, capricieuse, s'attachant à des riens pour les abandonner presque aussitôt; impatiente et irritable au dernier point. Néanmoins, c'est celle qui, après quelques années, se transformera en une soif de connaître, en un besoin de savoir que l'on retrouvera chez tout écolier dont la curiosité spontanée n'aura pas été brisée, chez celui auquel on aura toujours répondu, alors même que ses questions pouvaient paraître futiles; chez lequel enfin on aura respecté cette manifestation si importante de la personnalité humaine qu'on appelle l'*amour du vrai*. — Car, ne nous y trompons pas, la curiosité en elle-même n'est ni bonne ni mauvaise, mais elle est un besoin naturel de l'esprit, de telle sorte, que l'étouffer ou le surexciter, c'est porter un trouble considérable dans l'œuvre de la nature, en même temps que c'est, pour le maître, se priver d'un des moyens les plus puissants pour rendre agréable et fructueux l'enseignement de l'école.

La curiosité est donc un élément duquel il faut savoir tirer parti en éducation comme en instruction.

Le rôle de la curiosité dans l'éducation est immense. Je disais plus haut qu'elle était l'indice de l'amour inné qu'a l'homme pour la vérité, j'ajouterai aussi qu'elle est accompagnée d'une autre disposition non moins naturelle à accepter sans conteste la parole d'autrui. L'enfant, en effet, dans les premières années de son existence, vit de crédulité et de curiosité, de telle sorte que ce serait pour ceux qui l'élèvent un véritable crime moral que de le tromper. Regardons un petit enfant; le doute ne lui vient à l'esprit que lorsqu'il s'est une fois aperçu que nous l'avons trompé. Nous ne savons pas, lorsque nous agissons aussi légèrement, tout ce que nous avons peut-être détruit dans cette âme. Cette foi, cette confiance inaltérables en tout et en tous sont si belles et si excellentes chez l'enfant! N'est-ce pas à elles que l'enfance doit sa grâce enchanteresse, et n'est-ce pas à sa crédulité naïve que tous nos cœurs se laissent prendre? Mais prenons garde, si une fois, las peut-être des mille et un *pourquoi* de ce petit enfant, nous répondons à ses questions trop fréquemment répétées, à notre gré, par un mouvement d'impatience, ou par un mensonge (vite débité, parce qu'il nous brûle les lèvres), ou encore par un : « Cela ne vous regarde pas, vous n'y pouvez rien comprendre, » prenons garde. Peut être, à cette heure, cette jeune âme, tout étonnée de ne pas trouver en celui auquel elle croit, la solution de tous les problèmes qui se présentent sans cesse à elle, froissée aussi de notre dureté, de notre sécheresse, se repliera sur elle-même, et le jour où nous voudrons exciter son intelligence et nous servir de sa vivacité, nous ne ferons plus jaillir la moindre étincelle de ce foyer que nous avons voulu endormir sous la cendre. Peut-être aussi qu'avec ce fonds d'implacable logique que possède en lui le tout petit enfant, le nôtre se dira qu'il n'est point la peine de tant désirer connaître la vérité puisqu'il est défendu d'interroger pour la trouver... Alors, plus tard, ce même enfant ayant grandi, se désintéressera du progrès et viendra grossir le nombre de ceux qui forment la triste classe des indifférents.

Satisfaisons avec tact et mesure la saine, normale et intelligente curiosité des enfants, afin de donner à leur esprit l'aliment naturel et solide qui les fortifiera. Nous éviterons peut-être par là cette sorte de déviation de l'instinct curieux qui, à un certain âge, se produit chez les enfants, particulièrement chez les jeunes filles. On voit alors apparaître en elles une curiosité frivole, mesquine, indiscrète et parfois dangereuse qui les détourne de l'objet de leurs études, de leurs propres réflexions ou même des soins de la famille. Le seul remède pour traverser heureusement cette crise à laquelle sont soumis presque tous les enfants, serait dans la direction qu'on aurait précédemment donnée à leur esprit chercheur. Car ici, comme dans toutes les questions d'éducation, le remède contre le mal n'est pas de ceux qui opèrent instantanément, la prévoyance sage et éclairée qui a fait contracter depuis longtemps de bonnes habitudes intellectuelles, est seule un sûr et efficace préservatif contre les dangers.

Il est encore un moyen de combattre chez les enfants cette fâcheuse disposition que je signalais plus haut; de nous seuls l'emploi en dépend. Rendons-leur notre accès facile, gagnons leur confiance, laissons-leur la liberté de tout nous dire. Ne dédaignons pas de les écouter en particulier, de leur répondre, et si nous ne pouvons pas absolument toujours répondre vrai, répondons au moins aussi *vraisemblable* que possible. Le jour où l'enfant découvrira la vérité, il ne sera pas tenté de nous accuser de mensonge, et ne perdra pas le respect et la confiance dont il nous entourait. N'abusons pas de cette facilité avec laquelle les enfants se contentent des *à-peu-près*, grâce à la légèreté de leur âge, mais servons-nous-en toutes les fois que la prudence et le respect de l'innocence enfantine en font un devoir.

En instruction, la curiosité est le ressort précieux auquel le maître devra sa réussite. N'enseignons pas tout par la force, laissons à l'enfant le désir de savoir par lui-même. Et voilà pourquoi la *leçon de choses* est un si utile exercice, pourquoi, parmi toutes les méthodes, la *méthode socratique* est la meilleure; car, grâce à ces deux procédés, la raideur de l'enseignement didactique disparaît, l'enfant est de moitié dans le travail qui s'opère, et quand la tâche est accomplie, il sent bien que, par lui-même, il a travaillé pour apprendre.

Le plus grand plaisir du chasseur n'est pas, dit-on, de prendre le gibier, mais de le poursuivre. Or, la curiosité est le sentiment agréable de la poursuite;

c'est donc à elle qu'il faut faire appel pour faire aimer le travail et l'étude.

Il serait pourtant chimérique de croire qu'à l'école, à l'école primaire telle qu'elle est organisée, la curiosité sera toujours le stimulant de l'étude : il n'en saurait être ainsi, et le maître qui voudrait voir dans tous ses élèves un *Emile* serait cruellement déçu. Les nécessités pratiques de l'enseignement collectif privent le maître d'atteindre complètement cet idéal sur lequel il ne lui est cependant pas interdit de fixer ses regards. La curiosité ne pourra pas, dans son école, être le moyen nécessaire par lequel l'instruction sera toujours donnée, mais il faudra qu'elle soit le moyen accessoire, le stimulant auquel il aura recours dans les jours de lassitude et de paresse de ses écoliers. La curiosité ne peut pas être toujours en éveil, parce qu'elle n'est pour l'esprit qu'un état accidentel d'excitation, mais elle ne fait jamais défaut quand on sait y faire appel, et elle produit toujours de bons fruits quand on sait la diriger et s'en servir.

VIII

On enseigne d'autant qu'on apprend. Celui qui cesse d'apprendre et de se cultiver lui-même devient incapable de cultiver les autres. (DIESTERWEG.)

Expliquer cette pensée et indiquer les moyens à employer pour éviter le danger qu'elle signale.

DÉVELOPPEMENT

Un instituteur peut n'être pas savant dans le sens le plus étendu de ce mot, mais il faut que son esprit voie de haut l'enseignement qu'il donne, qu'il en saisisse les rapports généraux et en distingue les points dominants ; sans cela, il ne saurait donner à son enseignement ni la clarté, ni l'intérêt, ni surtout la simplicité nécessaire pour attirer et fixer des esprits jeunes et vifs. Or, c'est lorsqu'on a un véritable savoir qu'on est le plus capable d'être simple, et non seulement de bien choisir parmi les connaissances dont on a fait provision celles qui seront nécessaires et utiles à ceux qui nous écoutent, mais de savoir les leur présenter dans la mesure que comporte leur degré de développement intellectuel.

Donner à chaque partie de l'instruction son étendue et son plan ; combiner les différentes branches de l'enseignement de manière qu'elles se prêtent un appui mutuel ; ne se permettre ni sauts, ni lacunes, ni écarts ; suivre avec une attention pénétrante le développement des facultés de l'enfant ; marier à la sévérité de l'ordre l'abandon qui le déguise, voilà une partie considérable de la science difficile de l'instituteur.

Pour que l'enseignement soit ce qu'il doit être, il faut donc que le maître se fasse une loi de n'enseigner jamais rien qu'il ne l'ait médité, bien compris et jugé vrai : ce qu'on possède ainsi, on ne peut manquer de l'expliquer clairement et de le faire goûter, mais pour obtenir ce résultat, il faut travailler.

Quand on instruit les autres, on a toujours besoin de s'instruire soi-même, il faut qu'on puisse dire comme Solon : *Je vieillis en m'instruisant.* Dans le chemin de la vertu et de la perfection morale, dit-on quelquefois, celui qui n'avance pas recule. On peut en dire autant du maître qui se contente des connaissances qu'il a acquises autrefois, et qui, confiant en lui-même, s'imagine les conserver toute sa vie par l'enseignement auquel il se livre chaque jour. L'oubli, la routine, l'infériorité du savoir, tels sont les résultats d'un pareil système.

Ce n'est pas assez de posséder parfaitement ce qui est du domaine de l'école primaire, il faut avoir de plus une culture suffisante pour s'intéresser à des questions d'un ordre supérieur. C'est à quoi l'on reconnaît les esprits éclairés. Nulle part plus que dans la carrière de l'enseignement n'est vraie cette parole de Michelet : *Il faut planer sur ce qu'on fait. Il faut savoir bien plus et au-dessus et au-dessous, à côté et de tous côtés, envelopper son objet et s'en rendre maître.*

Pour être réellement un bon maître, pour demeurer instruit, il faut donc étudier sans cesse, parce que, comme l'a dit Diesterweg, et avec beaucoup de justesse, *en cessant d'apprendre et de se cultiver soi-même, on devient incapable de cultiver les autres.* Il en est de l'esprit comme du fer, la rouille l'atteint quand on le laisse inactif, mais plus on s'en sert, plus il brille et plus on aime à s'en servir. L'habitude a d'ailleurs, les mêmes effets dans la vie des maîtres, que dans celle des enfants. Tous les exercices de l'esprit deviennent heureusement des habitudes, c'est-à-dire nous amènent à faire très vite et très bien, presque sans penser, ce que nous ne faisions d'abord que péniblement, assez mal, et avec un grand effort d'attention. Le maître étudiera donc d'autant mieux qu'il étudiera davantage, et, par suite, enseignera d'autant plus facilement qu'il enseignera davantage.

Le travail personnel d'un maître peut avoir deux objets : il peut avoir en vue la préparation de sa classe ou l'étude personnelle.

La préparation de la classe est de toute nécessité. Un maître qui arrive devant ses élèves sans avoir choisi à l'avance le sujet des leçons, le texte des devoirs, qui compte sur son livre pour prendre à la suite, n'est pas digne du nom d'instituteur. La préparation ne consiste pas seulement dans le choix des textes et des leçons, mais dans l'étude préalable de tout ce qui s'y rapporte, de tout ce qui est nécessaire pour éclairer l'enseignement, le rendre intéressant, approprié, utile. Le maître ne dira pas tout ce qu'il sait, ce serait beaucoup trop, mais ce qu'il sait en surplus l'aidera à mieux concevoir, à mieux ordonner et à mieux exprimer ce qu'il convient de communiquer aux élèves, à répondre dans la juste mesure aux questions imprévues, à mettre de la variété, de l'animation, de la vie dans l'enseignement tout entier.

En préparant convenablement sa classe, le maître affermira le savoir purement professionnel qu'il possède, il découvrira de nouvelles manières d'enseigner plus claires, plus précises, meilleures en un mot que celles précédemment employées; il se rappellera ce qui doit faire l'objet d'explications particulières et évitera de la sorte le tâtonnement et l'incertitude qui sont l'apanage de toute leçon faite à l'improviste. Il en profitera donc autant que ses élèves, et plus encore : non seulement la flamme de l'intelligence ne s'éteindra pas en lui, mais l'intérêt de la tâche quotidienne se ranimera chaque jour sous l'effort, comme le feu du foyer sous un souffle nouveau.

Cependant, si grands que soient les avantages procurés par la préparation de la classe, l'instituteur doit en rechercher d'autres et c'est l'étude personnelle qui les lui fournira. Non seulement elle donnera à son esprit la souplesse, la vivacité et la rapidité de conception que possèdent seuls ceux-là qui étudient et qui travaillent beaucoup par la plume ou la lecture, mais en lui apprenant une quantité de choses nouvelles, elle sera pour lui le moyen de conserver ce qu'il sait par ce qu'il apprendra.

Lire, voilà le souverain moyen d'instruction personnelle, mais il faut lire la plume à la main, prendre des notes et ne pas compter uniquement sur sa mémoire.

Ce moyen est tout à fait pratique et direct, mais il en est un autre, qui peut permettre aussi à l'institu-

teur de bien enseigner : c'est de se créer une sorte
d'idéal, un but à atteindre.

Veut-il, par exemple, que, dans la journée qui commence, ses élèves acquièrent telle ou telle connaissance, qu'ils deviennent capables de remplir telle ou telle tâche, il travaillera avec beaucoup plus de courage et préparera bien mieux sa classe qu'il ne le ferait, s'il n'avait en vue un but à atteindre. Il en sera de même, si se proposant de présenter, à la fin de l'année, des élèves aux examens du *Certificat d'études*, il s'en fixe un certain nombre à y conduire.

D'autre part, il peut se proposer d'obtenir le *certificat d'aptitude pédagogique*. Il lui faudra alors travailler sérieusement, car, dans la composition écrite donnée à cet examen, l'aspirant a non seulement à faire preuve d'une certaine habileté dans l'art d'écrire, mais surtout de capacité professionnelle. La lecture d'ouvrages spéciaux de pédagogie et de morale et celle des meilleures productions littéraires lui permettront de compléter son éducation à ce double point de vue. S'il peut, en outre, suivre un *cours de pédagogie* bien dirigé, ce sera pour lui le meilleur moyen de se perfectionner dans l'exercice de sa profession et de se préparer à un examen pédagogique.

Il se pourra qu'après avoir travaillé consciencieusement, il n'ait pas le bonheur de réussir, mais les conseils qui lui auront été donnés, les questions qu'il aura été obligé de traiter, ne pourront toujours que lui avoir été profitables, ainsi qu'à ses élèves, et c'est ce qui doit encourager tout maître à étudier pour lui-même.

Tels sont à peu près, il me semble, les moyens que l'instituteur peut employer pour éviter de mal enseigner.

IX

Le devoir scolaire en dehors de l'école.

DÉVELOPPEMENT

Voilà quatre heures! Tous nos écoliers, comme une volée d'oiseaux, se précipitent hors de l'école. Ils n'y étaient pourtant point malheureux, mais il fera si bon courir et sauter en liberté pendant quelques heures! Les cartons, les paniers, les serviettes, s'entre-choquent dans les bousculades que ne s'épargnent pas les garçons, tandis que les petites filles, plus rangées, plus posées, — déjà de petites femmes! — s'en vont causant par groupes et discutant sur l'emploi de la journée. Tous les visages sont joyeux, le travail est fini... Hélas!... « Regarde donc, là, bien au fond de ton panier, chère petite étourdie; et toi, bruyant écolier, fouille un peu les recoins de ta serviette, et tu vas trouver, entre les feuilles du cahier journalier, la longue tâche que tu as à remplir pour demain. Ah! cher petit, tu te crois libre? Tu ne l'es qu'à moitié. Car voici les conjugaisons interminables, voici l'analyse difficile, la dictée à recopier où les fautes s'entassent, voici deux grands problèmes et toujours, toujours quelque ennuyeux exercice marqué d'une croix dans la petite grammaire. — Tu te croyais libre, et tu t'imaginais qu'une fois le seuil de l'école franchi d'un saut, tu ne devais plus rien au maître, l'éternel ennemi! disent les uns, — l'ami intelligent et dévoué, disent les autres. — Tu dois, ne l'oublie pas, lui apporter demain, presque au petit jour (car nous sommes en hiver et à huit heures du matin, on y voit à peine), tu dois lui apporter toutes barbouillées de petits caractères ces pages blanches de ton plus beau cahier. — Donc, après quelques instants de jeux et de courses folles, après avoir grignoté le goûter servi par la bonne mère de famille, tu vas lestement te remettre à l'ouvrage, car après dîner, bonsoir ! il faut aller dormir. »

Voilà donc notre écolier bien occupé. Je le vois d'ici un peu boudeur, et, — Dieu me pardonne ! il a pleuré ! — les yeux rouges, courbé sur le cahier qu'il a péniblement choisi entre tous ceux que renferme son carton. Pendant qu'il est si fort occupé à recopier sa dictée du matin ou à suivre du doigt l'exercice grammatical donné par le maître, voulez-vous que nous causions un peu ?

Commençons d'abord par nous demander s'il était bien utile de donner à ce cher petit toutes ces longues pages à remplir, et voyons s'il n'eût pas été sage de diminuer au moins une si grande besogne.

Ah ! certes, je sais bien que la parole du maître est, dans l'école, comme un son plus ou moins vague que l'enfant écoute bien ou mal, qu'il retient de même, et que, faute d'être gravée dans son esprit par un exercice particulier d'application, elle risque fort de demeurer stérile. Or, comme les heures de classe sont remplies par des exercices oraux, il faut bien que, dans sa famille, l'écolier rédige un devoir qui permettra au maître de reconnaître s'il a été compris et d'apprécier les progrès des élèves.

Je sais aussi que dans la plupart des ménages, et surtout dans ceux des grandes villes, le logis de la famille est étroit, que la place est aussi petite qu'est grande la turbulence de l'enfant. Je sais que la mère, pendant qu'elle s'occupe aux travaux domestiques, aime le silence, et que le tapage de l'enfant la gêne et l'incommode toujours, de telle sorte que le devoir scolaire est considéré par elle comme un des plus grands bienfaits procurés par l'école.

Je sais tout cela, et c'est pourquoi je dis comme tous les instituteurs : il faut un devoir à domicile.

Mais (et là je me sépare de beaucoup), il ne faut pas que ce devoir soit donné à la légère et sans réflexion, il ne faut pas surtout qu'il soit subordonné au caprice ou aux besoins particuliers exprimés par telle ou telle famille; il faut enfin, pour être profitable, qu'il ait certaines qualités desquelles je parlerai plus loin.

La famille! ah! voilà une grosse question. Assurément, il faut la satisfaire, et concilier, en même temps avec cette satisfaction, l'intérêt de vos élèves. J'avoue que cela est parfois difficle. Il n'est pas d'instituteur qui ne se soit vu une fois ou l'autre obligé de résister au désir de certains parents, plus soucieux de leur repos que du progrès réel ou de la santé de leur enfant. Ils venaient dire que les devoirs avaient été trop courts, la leçon trop vite apprise et que l'enfant les avait fatigués tout le soir. Ils disaient encore : « Donnez-en beaucoup, allez, Monsieur l'instituteur, le petit a bien la force de les faire. — Et puis, il faut qu'il travaille. Ne travaillons-nous pas, nous? » Et le maître, faible et désireux de complaire à la famille, doublait, dès ce jour, la tâche du petit élève.

Eh bien! laissez-moi vous le dire, celui qui agit ainsi est maladroit ou inintelligent, car il oublie son devoir le plus sérieux qui est de faire aimer à l'enfant la tâche journalière, lui rendre doux le travail sans lui en dissimuler toutefois entièrement la difficulté. C'est détacher de lui l'enfant, c'est lui faire désirer, outre mesure, le jour de l'adieu définitif; c'est, chose bien plus grave, le désintéresser peut-être pour jamais de l'instruction et lui inspirer l'horreur de l'étude.

Donc, que le devoir soit court ou plutôt qu'il soit proportionné à la force matérielle et intellectuelle de la classe toute entière à laquelle il est imposé. Laissez de côté, à cet égard, les récriminations d'une famille exigeante. Le devoir à domicile ne pourra être bien fait que s'il ne dépasse pas les moyens matériels de l'enfant (1).

Mais ce n'est pas tout; un devoir peut être court et mal fait, un devoir peut ne demander à l'enfant qu'un travail très raisonnable et ne produire que de très médiocres résultats : quelles conditions doit-il donc remplir pour donner d'heureux fruits?

A la condition de temps à dépenser, il faut en ajouter d'autres encore.

Le devoir donné doit exiger de la part de l'enfant un travail personnel. Ses mains seules ne doivent pas être occupées, mais il faut que cette petite intelligence travaille, que la mémoire s'exerce, essaye de retrouver ce qui a été dit par le maître, que son imagination s'éveille, s'excite par les découvertes nécessaires auxquelles le travail personnel conduira l'enfant. Car si l'élève copie au hasard, sous prétexte d'un devoir d'histoire, par exemple, des phrases toutes faites, sans aucun lien entre elles, quel profit pourra-t-il retirer d'un semblable travail! Si l'exercice grammatical auquel je le vois si sérieusement s'appliquer n'a pas été préalablement bien expliqué, tout en laissant quelque chose à trouver encore pourtant, pourrai-je dire que par ce moyen il a appris une règle de grammaire ou qu'il saura désormais l'appliquer! S'il écrit mécaniquement toute la conjugaison d'un verbe, devrai-je dire ensuite qu'il en sait employer convenablement tous les temps dans le langage parlé!

Non, certes, et mille fois non. L'imagination de mon écolier aura fait l'école buissonnière pendant que sa plume courait sur le papier. Il ne pense qu'à avoir « plus tôt fini », parce qu'il sait bien que de la rapidité seule de sa main dépend la bonne note de son livret.

Puis il faut que les sujets de devoirs soient plus

(1) Il nous semble que deux heures employées à ce genre d'étude représentent une somme de travail très raisonnable en dehors des classes.

faciles que ceux traités à l'école. Car, dans la famille, l'enfant est presque toujours livré à ses propres forces, et il faudra tenir compte de cette circonstance. Le père, la mère ou le grand frère ne sont pas toujours capables d'aider notre petit écolier; depuis longtemps ils ont laissé de côté la grammaire et l'arithmétique; ou bien, lorsqu'ils sont assez instruits pour donner à l'enfant un bon conseil, le temps ne leur permet pas toujours. Dès lors, il est à craindre que notre écolier se rebute et que bientôt de grosses larmes ne viennent maculer la page sur laquelle il s'appliquait si bien il y a un instant.

Enfin, que le devoir se rattache toujours à des explications dont le souvenir peut être encore présent à l'esprit de l'enfant. Je ne veux pas dire par là qu'il faut le choisir absolument parmi les sujets étudiés le jour même. Il est bon que l'enfant ait besoin de faire appel à ses souvenirs; mais cependant, toujours en tenant compte du milieu dans lequel se fait le travail, il faut que le devoir donné ne nécessite pas de longues et laborieuses recherches dans les livres, qui pourraient souvent être infructueuses par suite de l'inexpérience de l'enfant. En un mot, il serait bon, ce me semble, de faire de ce travail, la récapitulation sous une forme spéciale, de ce qui a été dit en classe, le compte rendu de certaines leçons, le résumé écrit de certaines questions qui ont été traitées oralement.

Il me paraît que, de cette façon, le devoir donné réunira les conditions les meilleures pour être fructueux : il sera *court*, afin de ne fatiguer ni l'esprit ni le corps de l'élève; *facile*, car il devra être fait sans aide; *utile* et d'un profit immédiat puisqu'il mettra en exercice la personnalité de l'enfant en l'obligeant à tirer quelque chose de lui-même, composer un tout avec ses souvenirs, et cela avec correction et avec soin.

Quant à nos *tout petits*, nos derniers venus, l'espoir de notre école, qui savent à peine tenir une plume et qui distinguent difficilement entre elles les lettres majuscules, faudra-t-il, à eux aussi, leur donner un devoir à barbouiller tant bien que mal à la maison.

Non, non, chers petits. Jouez et courez le soir après vos classes. Si vous ne pouvez prendre vos ébats au grand air, si le jeu fatigue ou gêne votre mère, découpez-moi ici quelques jolis soldats en papier, regardez des images dans le livre de votre grand frère, ou aidez tout simplement et mieux encore votre mère, par les mille petits services que vous pouvez lui rendre. Et vous, fillettes, n'avez-vous pas dans quelque coin votre poupée favorite, négligée, hélas! depuis que vous allez en classe, et à laquelle il faut refaire un trousseau?

Laissons nos tout petits se récréer en dehors des heures de classe, ils n'en seront que plus sages demain.

X

Moyens pratiques pour attirer, soutenir et retenir l'attention des élèves pendant les leçons orales et les interrogations.

DÉVELOPPEMENT

Une des causes qui contribuent à rendre difficile la tâche du maître, c'est la légèreté des enfants, qui les empêche de fixer leur attention sur un objet déterminé. Ils sont, il est vrai, naturellement observateurs, mais cette observation ne va guère au fond des choses. Pour qu'elle soit fructueuse, il faut qu'elle soit mise au service de l'attention, et celle-ci ne s'acquiert que par l'éducation. D'un autre côté, remarquons que sans attention, l'instruction n'est que superficielle et, par conséquent, peu profitable. En effet, il n'est pas rare, dans une classe, de voir des enfants d'une intelligence ordinaire, mais attentifs et appliqués, en surpasser d'autres beaucoup plus intelligents, mais dissipés. L'attention est donc une qualité précieuse, puisqu'elle peut quelquefois suppléer aux facultés naturelles.

Si l'enfant est peu capable d'attention, c'est aussi parce que sa volonté est faible, et qu'on ne peut pas être attentif sans le vouloir. Comme il ne comprend pas l'avantage qu'il y a pour lui à profiter des leçons qu'on lui donne, on ne saurait compter ni sur sa raison, ni sur sa volonté pour le rendre attentif. Aussi faut-il s'y prendre autrement. Il suffit d'observer un enfant pour constater bientôt que ce qui l'attire, ce qui le retient, c'est ce qui l'intéresse, ce qui lui plaît : le plus sûr moyen de l'amener à écouter, c'est donc de lui présenter l'étude sous un aspect attrayant et cela surtout au début. Que le maître ait un visage agréable, un langage bienveillant, qu'il soit aussi facilement disposé à encourager qu'à réprimander, ce sera une première condition pour que l'enfant ne se fasse pas de l'école et de l'étude une idée désagréable. Puis, qu'il s'efforce d'introduire de la variété, de la vie, dans tout enseignement, même le plus aride en apparence : le ton du langage, les comparaisons familières, etc... peuvent l'aider en cela.

Nous supposons que les élèves ont senti, à des degrés divers, sans doute, que l'école peut leur procurer de réels plaisirs; il faut encore que le maître tire parti de ces dispositions : les élèves ne tarderaient pas à être distraits, s'il n'employait tous les moyens possibles pour retenir leur attention. Qu'il ne se borne donc pas à exposer froidement la leçon qu'il proposera ensuite à leur étude; bien peu l'écouteraient jusqu'à la fin, et l'indiscipline ne tarderait pas à susciter des interruptions. Toutes les fois que l'occasion se présentera, il fera bien de les associer à la leçon, soit en leur demandant de trouver des exemples, soit en faisant appel à leur mémoire, s'il s'agit de choses qui ont déjà été dites, ou à leur jugement, s'il s'agit de tirer d'un fait une conclusion raisonnée, un enseignement moral.

Lorsque les élèves auront déjà fait preuve d'attention, le maître pourra raconter une courte anecdote en rapport avec la leçon ; ce sera à la fois une récompense et un encouragement. Pour que ses jeunes auditeurs le suivent avec plus de facilité, nous lui conseillons d'indiquer, dès le début de la leçon, les points sur lesquels il désire attirer leur attention et même de les écrire au tableau noir. Les élèves pouvant ainsi se reporter facilement à l'objet de la leçon, pouvant se rendre compte du chemin déjà parcouru et de celui qui reste à parcourir, s'y intéressent davantage, et leur attention sera plus soutenue. Enfin de courtes et fréquentes interrogations permettront au maître de s'assurer qu'il a été compris, et de récompenser les élèves qui ont été attentifs.

Il est bon de se rappeler que, lorsque l'enfant a été attentif pendant un certain temps, son esprit est fatigué et a besoin de se détendre. De la, la nécessité de placer, au début de la classe et surtout le matin, les exercices qui exigent le plus d'efforts. On fera aussi alterner telle leçon avec telle autre, ne mettant pas en jeu les mêmes facultés que la précédente. La variété dans les études est un des plus excellents moyens de soutenir l'attention.

Le maître qui, à force d'habileté, aura fait contracter à ses élèves l'habitude de l'attention, n'aura pas seulement facilité leurs progrès dans l'instruction ; il aura encore contribué à leur plus grand bien par les conséquences morales qui en résulteront pour eux Plus tard, lorsqu'ils devront se conduire dans la vie, ils se garderont de prendre trop vite un parti, ils sauront apprécier les conséquences de leurs actes, et, en agissant avec réflexion, ils s'épargneront bien des déceptions, bien des peines, parfois bien des douleurs.

XI

Développer cette pensée qu'en éducation, aussi bien pour l'élève que pour le maître, *vouloir c'est pouvoir*. — Indiquer dans quelle mesure ce précepte est applicable.

DÉVELOPPEMENT

On a dit depuis bien longtemps que la foi soulève des montagnes; il est juste d'attribuer la même vertu à la volonté. Sans le secours de cette faculté, en effet, on ne peut remplir une tâche, si petite qu'on la suppose, et les meilleurs sentiments, les plus nobles inspirations restent stériles. Par elle, en un mot, on triomphe de difficultés qui semblaient insurmontables.

On a pu dire qu'en éducation, aussi bien pour l'élève que pour le maître, *vouloir c'est pouvoir*.

Le but éminent de l'éducation est d'enseigner à l'enfant à se diriger lui-même; aussi l'instituteur s'applique-t-il à lui faire comprendre ses devoirs, à éveiller, à éclairer sa conscience morale, à le fortifier, pour le rendre capable de résister un jour aux sollicitations de l'intérêt comme aux violences des passions. Mais les conseils affectueux, les réprimandes, les exhortations, seraient des moyens insuffisants. Il faut surtout lui apprendre à se gouverner, à triompher de lui-même. Aussi, dès l'enfance, chercherons-nous à convaincre nos élèves qu'ils sont leurs véritables maîtres, et que pour réussir à se dominer plus tard, ils doivent déjà s'aguerrir en combattant leurs petites imperfections, leurs mauvaises tendances. Dans cette lutte contre eux-mêmes, ils remporteront des victoires plus sérieuses que le maître le plus expérimenté; il n'est pas d'enfant fermement résolu qui ne parvienne à vaincre ses mauvaises habitudes. Amener l'enfant à vous seconder ainsi n'est pas chose facile; mais cela n'est pas impossible, aussi faut-il tenter d'y arriver.

Si nous avons pour auxiliaire la ferme volonté de l'élève, nous pouvons espérer des résultats presque merveilleux; l'éducation morale en tirera d'excellents fruits, les facultés intellectuelles y gagneront beaucoup. En s'appliquant avec énergie à les cultiver, l'enfant aura sa récompense, car il les sentira se développer progressivement : la mémoire, la puissance d'attention, l'esprit d'observation surtout, bénéficieront amplement de ses efforts. Enfin, la santé en profitera aussi. Ayant la volonté de soigner son corps, l'enfant, instruit par nous des lois de l'hygiène, prendra des petites précautions que nous pourrions omettre.

La volonté de nos élèves n'est pas la seule dont nous devrons nous assurer. Tenons-nous à réussir? il nous faut, nous aussi, *savoir vouloir*. Un instituteur qui, par devoir, consacrerait à ses élèves tout le temps qu'il passe à sa classe, mais qui ne serait pas en-flammé du désir de concourir à leur perfectionnement, obtiendrait des résultats médiocres. Pour exercer sur ses élèves une influence réellement efficace, il faut le vouloir d'une volonté ferme, inébranlable, sachant envisager les peines et les efforts qu'il en coûte pour cela, et ne pas se rebuter d'échecs réitérés. Il faut veiller sur soi sans cesse, souvent s'interroger sur les négligences qui vous sont échappées, se dominer d'abord afin de parvenir à dominer les autres. Lorsqu'on *veut* réellement, les obstacles n'effraient pas, on les a prévus, on est résolu à les attaquer vigoureusement. L'institu-teur n'épargnera pas sa fatigue, les rechutes de ses élèves doubleront sa vigilance et ne feront jamais naître en lui le découragement. D'ailleurs, ne sait-on pas que l'éducation est une œuvre de patience? L'instituteur ne désespérera donc pas de faire acquérir à chacun de ses élèves toute la perfection dont il est capable.

Le but est assez élevé pour qu'il s'y dévoue complètement. Quel meilleur, quel plus grand service pouvons-nous rendre à la patrie, que celui d'instruire et de former la jeunesse?

Cependant l'instituteur ne devra pas entreprendre, ni faire entreprendre à ses élèves l'impossible. Même doué d'une volonté des plus énergiques, il sait qu'il ne pourra parvenir à donner à l'enfant un autre cœur ni une autre complexion. Ce qu'on doit chercher, c'est d'utiliser le plus avantageusement possible les facultés et les aptitudes de chacun. Tous les enfants ont, il est vrai, les mêmes instincts, sont susceptibles d'éprouver les mêmes passions, mais ces instincts et ces passions ne sont pas également développées dans chaque individu. Ce serait donc une utopie que de vouloir l'uniformité des caractères. D'ailleurs, tel n'est pas le but de l'éducation, car si les goûts et les tendances étaient les mêmes pour tous les membres du corps social, ce serait un obstacle insurmontable à tout progrès, un véritable malheur public.

Il est juste de dire qu'en éducation, *vouloir c'est pouvoir*, en gardant la mesure indiquée plus haut. Cette pensée pourrait aussi s'appliquer à l'instruction, en supposant qu'on se propose raisonnablement de conduire les esprits jusqu'au point où ils sont capables d'atteindre.

XII

Indiquer la part qu'il convient de faire à la mémoire dans un système d'éducation bien compris.

DÉVELOPPEMENT

Si nous demandons quelle est l'importance de la mémoire, nous ne tarderons pas à constater avec Quintilien que *sans la mémoire, il n'y a pas d'édu-*

cation possible. En effet, si la main ne sait pas reconnaître les objets qu'elle a touchés, si l'œil est incapable de juger des couleurs, des distances, l'oreille de distinguer les sons qu'elle a perçus, etc..., ces organes ne pourront acquérir, par l'exercice, aucune perfection. A son tour, l'intelligence ne sera susceptible d'aucune éducation puisqu'elle manquera des données qui lui sont nécessaires pour agir : comment juger, comparer, raisonner sans un bagage d'idées et de mots que nous nous formons grâce à la mémoire? Enfin, notre vie morale serait encore moins perfectible, si nous manquions des lumières de l'expérience, lesquelles ne sauraient exister sans le souvenir. Puisque la mémoire joue dans notre existence un rôle considérable, il faut la développer par la culture. Est-ce à dire que dans le tout jeune âge, et avant même que l'enfant sache épeler, il faudra lui apprendre de longues fables? Plus tard, lorsqu'il sera sur les bancs de l'école, exigera-t-on qu'il débite mot à mot la leçon qu'on lui aura donnée à étudier sans se soucier de savoir si elle dit quelque chose à son esprit. Evidemment non. Nous ne sommes plus au temps où on jugeait de la valeur d'un élève d'après la manière dont il venait de réciter une leçon, et nous nous garderions bien d'accorder notre admiration à ceux que le vulgaire regarde comme des prodiges de mémoire; nous craindrions plutôt les déceptions de l'avenir.

Mais alors s'il est dangereux de surcharger la mémoire, ménagerons-nous à un tel point cette faculté qu'elle n'ait plus rien à faire? Nous tomberions dans cet excès en adoptant le système des *cours* auxquels assisteraient les enfants sans y joindre aucun travail personnel.

Sans doute les élèves pourront être intéressés, charmés même par les exposés de leur professeur, mais qui ne sait combien la mémoire est fugitive? Une telle éducation manquerait de solidité.

Cultiver la mémoire, ce n'est pas donner à cette faculté la prédominance sur toutes les autres; souvenons-nous que la perfection de l'intelligence consiste dans le développement simultané de toutes les facultés qui la composent. Par conséquent une éducation qui s'adresserait exclusivement à la mémoire comme celle qui mépriserait cette faculté, ferait des êtres d'une intelligence médiocre. Aussi les divers moyens pour cultiver la mémoire ne méritent-ils pas d'être également appréciés. Sans méconnaître les services que peuvent rendre les procédés mnémoniques, pour aider à retenir les dates, par exemple, nous ne leur accorderons pas une valeur de premier ordre parce que les formules qu'ils emploient ne créent entre les idées et les mots qu'un rapprochement tout artificiel. De même, exiger qu'un écolier récite une phrase, un paragraphe dont le sens lui échappe, c'est lui imposer, sans profit véritable pour la mémoire, un travail fastidieux auquel nul maître ne voudrait s'astreindre. Toute culture bien entendue de la mémoire doit se faire conjointement avec celle du jugement. Avant de demander à l'élève d'étudier une leçon, il faut lui en expliquer le sens: lorsqu'il aura compris pourquoi telle expression est préférable à telle autre, pourquoi les faits sont exposés dans tel ordre, comment ils s'enchaînent par des liens que l'intelligence sait découvrir, sans nul doute il aura moins de peine à fixer dans sa mémoire une page ainsi préalablement expliquée, et, autre avantage, il la retiendra beaucoup mieux parce que les idées s'associeront naturellement.

On peut, de bonne heure, faire appel à la mémoire des enfants, en même temps qu'à leur jugement, car les exercices de récitation ne sont pas les seuls exercices de mémoire. Le maître intelligent trouvera une foule d'occasions de tenir la mémoire en éveil, soit à propos de la conduite des élèves, soit dans les études par les rapprochements qu'il établira entre la leçon d'un jour et celle de la veille, etc... Il ne supprimera pas les revisions, si utiles pour que les enfants n'oublient pas au fur et à mesure qu'ils apprennent, mais il tâchera d'y introduire un peu de variété en les présentant sous des points de vue différents. Nous pensons qu'agir de la sorte ce sera faire acquérir plus sûrement à la mémoire les qualités qui la rendent précieuse : facilité à apprendre, ténacité à retenir, rapidité à retrouver les souvenirs.

XIII

Rôle de l'association des idées dans notre vie intellectuelle et morale. — Applications pédagogiques.

DÉVELOPPEMENT

L'association des idées est la faculté par laquelle nos idées s'enchaînent dans notre esprit d'une manière si étroite, qu'elles s'appellent les unes les autres en paraissant s'engendrer naturellement. Une idée ne vient jamais seule, elle en éveille toujours une autre. Un enfant récite une leçon; si la mémoire lui fait défaut, il répétera plusieurs fois de suite les derniers mots qu'il aura prononcés, afin de retrouver les suivants; il nous montre donc bien que l'idée exprimée par ce qu'il vient de dire est intimement liée à l'idée exprimée par ce qui suit. Au premier abord, la culture de cette faculté peut ne pas paraître indispensable, mais si l'on y réfléchit bien, on se convaincra de son importance au point de vue intellectuel et au point de vue moral.

1° Au point de vue intellectuel, si l'on exerce les enfants à associer, dans un ordre rationnel et logique, les idées et les faits que l'enseignement leur fournit ou leur suggère, il leur sera d'autant plus facile de retrouver sans effort, au moment opportun, ces idées et ces faits; c'est pour cela que certains procédés (procédés mnémotechniques), d'une valeur fort discutable, rendent cependant de grands services par le soulagement qu'ils apportent à l'esprit. L'association des idées vient donc en aide à la mémoire, et celle-ci, à son tour, les fournit à l'imagination, au jugement, et procure ainsi à toutes les opérations de l'intelligence un prompt et sûr fonctionnement.

L'association des idées aide l'enfant dans toutes ses études. Nous allons le montrer pour quelques-unes en particulier : on n'apprendrait jamais à lire si on ne pouvait associer l'idée d'un son à celle d'une lettre ou d'un groupe de lettres; plus ce rapport s'établit vite, plus vite la difficulté est vaincue. Il faut ensuite établir le rapport du mot à l'idée : on ne sait lire que lorsqu'on comprend ce qu'on lit, et alors on a appris non seulement à lire, mais encore à aimer la lecture.

Plus une idée est exacte, claire, précise, plus nombreuses et lumineuses surgissent, dans leur suite naturelle et logique, les idées qui, de près ou de loin, tiennent à celle-là. C'est ainsi qu'en apprenant à lire. on apprend aussi à écrire, c'est-à-dire à composer. La première fois qu'un écolier est mis en demeure de faire œuvre d'écrivain, c'est un grand événement : il n'y a guère d'enfants, même intelligents, même élevés dans un milieu social favorable, qui ne se trouvent embarrassés, si on leur demande d'écrire seulement dix lignes à une personne qu'ils connaissent, qu'ils aiment, avec laquelle ils sont familiers. Ils leur parlent sans embarras, et s'il faut leur écrire, ils ne savent plus que dire ou, s'ils le savent, ils ne peuvent l'exprimer. Cet embarras disparaîtra lorsqu'on leur aura appris à fixer d'abord leur attention sur l'objet de la lettre : fête à souhaiter, vœux de bonne année à offrir, bonne place à annoncer, etc. On leur montrera aussi les idées qui découlent de l'idée principale, et ils sauront ce que c'est qu'« écrire une lettre ». S'agit-il d'une rédaction historique, l'idée première du sujet à traiter éveillera les idées accessoires, et les souvenirs arriveront en foule. Mais si la mémoire seule est en jeu sans le secours d'une association d'idées volontaire et réfléchie, et sans l'habitude de cette association, l'écolier sera comme perdu au milieu de cette foule envahissante de souvenirs, il ne saura par où commencer, par où finir, comment rattacher le commencement à la fin, rien ne se suivra, tout sera présenté pêle-mêle, le désordre de la pensée passant dans le style, les expressions feront défaut ou seront inintelligibles. S'il a été habitué à réfléchir, à suivre le fil de ses idées, à en épurer une avant de passer à une autre, si, en un mot, il sait ce qu'il veut dire, il le dira tant bien que mal, mais enfin il le dira avec un certain ordre, et c'est le principal.

C'est encore à l'association des idées que se rapporte la facilité qu'ont certaines personnes, familiarisées avec la prosodie et le rythme, de changer, en récitant des vers, quelques mots, sans que le sens ni l'harmonie aient été altérés. A elle encore, nous devons la possibilité d'établir, en histoire, spontanément, des comparaisons entre les personnages et les faits qui ont entre eux quelque ressemblance, ou qui sont en complète opposition.

2° Toute-puissante pour l'acquisition des connaissances et la culture des facultés intellectuelles, l'association des idées ne l'est pas moins au point de vue de l'éducation. A un âge où les premières impressions sont ineffaçables, le caractère prend son pli et le garde. Que d'enfants sont devenus menteurs parce que, punis à tort et à travers, ils se sont habitués à voir dans le mensonge un acte de légitime défense! Combien sont devenus vagabonds, paresseux, voleurs, parce que, forcés par leurs parents d'aller mendier, ils trouvent tout naturel de vivre sans travailler! Combien sont devenus peureux, par suite des sots récits de leur nourrice! Les superstitions les plus déraisonnables n'ont pas d'autre origine que de fausses associations d'idées! Il en est de même de la plupart des antipathies qu'éprouvent les enfants, et cette disposition les suit dans l'âge adulte. Les sympathies, aussi bien intellectuelles que morales, naissent, par réciprocité, d'associations d'idées heureusement provoquées ou utilement développées.

La justesse de l'esprit dépend presque absolument de cette faculté et elle est intimement liée à l'attention; mieux celle-ci s'exercera, meilleure sera l'association d'idées qu'elle fera naître, et, par conséquent, plus exact sera ensuite le jugement porté par l'esprit. Par cela même qu'une bonne association d'idées dispose l'esprit à la justesse et détruit la superstition, elle est intimement liée au bonheur individuel et général, à la paix et à la moralité publiques.

Il est facile de comprendre, par ce qui précède, l'importance de l'association des idées et la nécessité d'imprimer à cette faculté une direction salutaire. Elle est, comme toutes les autres, susceptible d'éducation, et cette éducation peut se faire dès l'enfance. Le maître qui aura étudié attentivement le caractère de ses élèves, la nature de leurs sentiments, le cours habituel de leurs pensées, trouvera aisément le moyen d'agir sur eux et de les conduire à son gré. Le secret de l'éducation est de faire naître ou de développer dans l'esprit des enfants des associations d'idées telles qu'ils s'habituent à exercer leur intelligence au profit du vrai et leur activité au profit du bien.

XIV

Que pensez-vous de l'usage et du choix des morceaux de littérature (prose ou vers) que l'on fait apprendre aux élèves des écoles primaires?

DÉVELOPPEMENT

La récitation des morceaux choisis, en vers ou en prose, ne semble guère à la plupart des maîtres qu'un moyen de cultiver la mémoire ; aussi le développement de cette faculté est-il le seul but que beaucoup d'entre eux se proposent presque exclusivement. Ce serait pourtant envisager cet exercice à un point de vue trop étroit en ne lui accordant d'importance qu'à ce seul égard.

Assurément, rendre la mémoire souple, docile et fidèle, c'est une excellente chose ; mais ce n'est cependant point là l'idéal suprême dans l'enseignement, quel qu'il soit. Et quoique l'on ne puisse nier l'importance de cette faculté dans les études classiques, ce serait faire fausse route que de lui réserver un exercice dont toutes les facultés et quelques branches d'étude peuvent bénéficier. Par conséquent, une fois bien entendu que ces exercices de récitation doivent viser à d'autres résultats, cherchons à déterminer ceux-ci.

Les morceaux qu'un élève récitera de mémoire, s'ils ont été d'abord bien choisis, puis bien étudiés, élargiront le champ de ses idées, lui en fourniront de nouvelles, qu'il acceptera facilement, grâce à la forme séduisante sous laquelle elles lui auront été présentées. Nous n'insisterons pas sur ce premier résultat, aussi avantageux que facile à réaliser ; mais nous nous appuierons davantage sur le second, c'est-à-dire sur celui qui a rapport au perfectionnement du langage, ou d'une manière plus générale, à la culture de la langue maternelle.

En effet, pour apprendre à bien parler et à bien écrire, il ne suffit pas, on le sait, de connaître, même parfaitement, la grammaire, il faut encore avoir de bonne heure, été mis en rapport journalier avec des personnes parlant bien, avoir fait de bonnes lectures, en un mot, s'être formé à l'école de gens parlant et écrivant en bon français. Or, si les conversations et les lectures ont ce pouvoir, quel ne sera pas celui d'une saine et délicate littérature, dont quelques fragments bien choisis demeureraient dans l'esprit, et dont les tours, les expressions et les termes toujours justes employés un jour sans qu'on y prenne garde, donneraient au langage la précision, la clarté et l'élégance même qui font le charme de la bonne langue française?

Pourtant, il sera bon de remarquer en passant, qu'un élève, bien doué, au point de vue de la mémoire, étant arrivé à se former une somme d'expressions de choix, fournies par ses lectures et les exercices de récitation, pourra être disposé à les employer souvent quand l'occasion lui paraîtra bonne pour cela.

Or, telle expression, telle tournure qui ont pu être parfaitement justes en telles circonstances, peuvent ne l'être plus en telle autre, et, pour discerner les cas où elles doivent être employées, l'élève devra nécessairement se soumettre à un travail de réflexion et de jugement, dont bénéficieront à la fois et sa culture intellectuelle et son langage et ses écrits.

Enfin, les exercices de récitation ont une autre importance : ils représentent, il faut bien l'avouer, le seul côté du programme qui permet à l'instituteur de développer chez ses élèves le goût et le sentiment littéraire, si difficiles à éveiller dans l'âme des enfants, dont les premières années ne se sont pas écoulées dans un milieu délicat et lettré. C'est par là seulement que nos écoliers pourront connaître les grands hommes dont les noms glorieux passent à travers les âges sans voir ternir leur éclat. Le jour où ils pourront les aimer, ce qui n'arrivera que lorsqu'ils seront à même de les comprendre et de les goûter, ce jour-là la littérature grossière et souvent malsaine qui nous envahit, n'aura plus d'attrait pour eux. En les instruisant et en les charmant, les chefs-d'œuvre de notre littérature auront aussi préservé leur âme de bien des misères et des dégoûts. Les élèves du cours supérieur trouveront aussi dans l'analyse littéraire mise à leur portée et judicieusement conduite, un exercice qui développera de la manière la plus heureuse leur goût et leur jugement.

Il est toutefois bien entendu, avant d'aborder la question des auteurs à choisir, qu'une règle générale devra présider au choix que l'on en pourra faire ; ce sera celle-ci : n'emprunter le plus ordinairement les morceaux à réciter qu'à des auteurs ayant écrit en prose dans un langage simple, tel que celui d'une conversation aisée, et en vers, qu'à ceux dont la langue ne présentera pas de ces difficultés de prosodie, de rythme ou d'orthographe dont sont chargées quelques œuvres trop anciennes en date ou trop savantes dans la forme.

Une autre mesure à prendre, c'est de réserver les prosateurs pour la première division du cours moyen et pour le cours supérieur. La prose, en effet, par cela même qu'elle est dépourvue de rythme, est moins facile à retenir que les vers. De plus, elle est bien mieux que ceux-ci la langue des idées et, par conséquent, elle permet des jugements, des raisonnements et des déductions que les vers ne peuvent autoriser. Pour cette double raison, les vers seront d'un emploi plus général et plus journalier que la prose. Cela posé, cherchons quels pourraient être dans chaque cours les auteurs favoris.

Au *cours élémentaire* (1), nous réserverons Flo-

(1) Voir Delapierre et de Lamarche, *Exercices de mémoire*, cours élémentaire.

rian, Mme Tastu, Mme Desbordes-Valmore, Guiraud, enfin La Fontaine, en choisissant avec soin dans les fables de ce dernier celles dont la moralité n'atteindra pas les hauteurs philosophiques auxquelles s'est parfois élevé *le Bonhomme*.

Dans le *cours moyen* (1), nous aurons encore La Fontaine, auquel nous joindrons Soumet, dont les vers touchants sont goûtés de nos écoliers; Casimir Delavigne, souvent harmonieux et lyrique; et, parmi les classiques que nous pouvons aborder ici, le doux Racine, et le tendre Fénelon, dont les fables, quoique en prose, seront aimées des enfants.

Pour le *cours supérieur* (2), nous choisirons quelques belles pages de Corneille, de Racine, de La Fontaine, de Molière, de Boileau, agréable et spirituel en certains passages; de Lamartine, qu'aimeront tous les enfants; de Béranger, dont quelques chansons feront vibrer en eux la fibre patriotique; de Laprade, de Brizeux, le doux rêveur breton; enfin de Victor Hugo, dans les œuvres duquel on peut cueillir tant de choses délicates ou vigoureuses, douces ou ardentes, sombres ou joyeuses.

Dans le domaine de la prose, Buffon fournira la matière et le modèle de descriptions justes et précises; Chateaubriand apportera sa prose poétique, aussi douce et aussi harmonieuse que les meilleurs vers; Michelet donnera l'idée d'un style historique ferme, concis, imagé dans les pages vraiment faites pour nous, pendant que Mme de Sévigné offrira à nos élèves quelques-unes de ses inimitables lettres, et La Bruyère, certains de ses fidèles portraits.

Si l'on s'étonne de ne point voir Pascal ou Bossuet figurer dans ce programme, c'est que nous estimons

(1) Voir Delapierre et de Lamarche, *Exercices de mémoire*, cours moyen.

(2) *Ibid.*, cours supérieur.

que leur langue est par trop au-dessus de la portée
intellectuelle de nos élèves.

Réservons-les pour des lectures bien expliquées, et
si quelque rare morceau nous semble pouvoir être
appris ou récité, ne le proposons que discrètement à
nos élèves, en nous fondant sur la connaissance particulière que nous avons des aptitudes encore si bornées
des jeunes enfants.

Tels pourront être, ce nous semble, les auteurs
parmi lesquels les maîtres peuvent choisir les morceaux de récitation. Mais en cela, comme en tant
d'autres choses touchant à la pédagogie, la mesure, le
tact et le goût montrent mieux la voie que les plus
excellents préceptes.

XV

**Faire par écrit une leçon de morale sur les devoirs
de l'enfant envers lui-même. (Cours moyen) (1).**

DÉVELOPPEMENT

Mes enfants, à vous qui trouvez bien lourds et bien
pénibles peut-être, les devoirs que vous impose la vie
en commun, je viens aujourd'hui parler de devoirs que
vous ignorez sans doute et qui vous étonneront lorsque
vous les connaîtrez.

Vous pensez assurément que ne faire de mal à personne, être obéissant, respectueux et dévoués envers
vos parents et vos maîtres, bons pour vos camarades
et envers tous, c'est là tout ce qui vous incombe.
Certes, remplir fidèlement les devoirs de société, c'est
bien beau et bien excellent, mais ce n'est pas tout.

(1) Voir Burdeau, l'*Instruction morale à l'école.*

Vous avez, encore, chers enfants, d'autres devoirs à remplir, et c'est à vous-mêmes qu'ils s'adressent. Vous avez une âme, il faut l'élever, la cultiver; une intelligence, il faut l'orner par l'étude; un corps, il faut le tenir en santé, veiller à sa vigueur et à sa conservation.

Voilà pourquoi nous trouvons que nous avons tous trois séries de devoirs envers nous-mêmes, et c'est d'eux que nous allons nous entretenir.

Que diriez-vous, mes enfants, d'un homme auquel il serait dévolu de grands biens, une immense fortune, qui, riche propriétaire, aurait à son service un personnel nombreux chargé de faire fructifier les terres et l'argent, et qui, au lieu de profiter des conseils et du savoir de ceux qui ont su doubler leur fortune, mépriserait l'expérience d'autrui, emploierait ses ouvriers à des travaux inutiles, ne surveillerait pas le travail de ses fermiers, ne recueillerait pas ses récoltes, laisserait tomber ses maisons en ruines? Vous diriez, n'est-ce pas, que cet homme est un insensé s'il n'est pas un misérable, car c'est l'œuvre d'un fou que de mépriser ce qui peut contribuer au bonheur.

Eh bien, mes enfants, l'enfant qui ne sait pas profiter des exemples, des conseils, des bons avis de ceux qui, pleins d'expérience et de bonté, veulent bien le diriger, est semblable à cet homme. Que de bonnes choses à lui enseigner et qu'il ne cherche pas à comprendre! que d'exemples lui sont donnés qu'il semble ne point voir! — Il est plein de sensibilité, facile à émouvoir, et au lieu de se laisser aller au penchant de sa bonne nature, le voilà qui se raidit contre elle, qui veut paraître froid, sec, quelquefois dur, méchant, impitoyable. Il s'imagine ainsi, sans doute, faire preuve de courage et de fermeté. Mais il ne trompe que lui, et encore se trompe-t-il vraiment lui-même?

Non, mes enfants, sa conscience proteste, et il sent bien qu'il n'est pas ce qu'il devait être, c'est-à-dire simple, vrai, bon, affectueux et bienveillant. Mais on se gâte vite à ce jeu-là, et ce devoir qu'a l'enfant de se surveiller lui-même, une fois négligé, l'entraîne insensiblement sur une pente dangereuse. Il était bon, il devient mauvais, son cœur si facile à pénétrer est maintenant fermé à toute bonne chose, à toute inspiration douce. En oubliant le devoir qu'il avait d'être obéissant et affectueux, il s'est refait une autre nature et a laissé perdre tous les trésors de conseils tendres, d'affection vraie, que ses maîtres et ses parents lui prodiguaient.

Voilà pour le moral, ou pour les devoirs que nous avons envers nous-mêmes, au point de vue de notre cœur et de notre conscience.

Vous avez encore, mes enfants, le devoir de vous instruire. Vous êtes plus riches que l'homme dont je vous parlais tout à l'heure. Vos livres, et surtout les paroles de votre maître, vous apportent des richesses plus enviables que la fortune matérielle. Votre intelligence ne demande qu'à être cultivée, et la curiosité dont vous êtes tous animés le prouve bien. Or, pas plus qu'il ne vous est permis de vous gâter le cœur et le caractère par négligence ou par perversité, il ne vous est permis de laisser sans soin et sans culture le domaine de vos jeunes esprits; vous êtes comme le riche propriétaire dont il était question il y a un instant. Le champ à cultiver, c'est votre intelligence. Vous disposez d'ouvriers et de serviteurs; ce sont vos livres, vos devoirs, c'est le travail journalier, c'est l'étude, c'est moi-même, enfin, mes enfants, qui tous nous mettons à votre service. Nous laisserez-vous inactifs? Certes, non, n'est-ce pas? Nous sommes tous là pour vous instruire, usez de nous. Soyez curieux, très curieux, aimez la lecture qui vous apprend de si bonnes et si intéressantes choses. Interrogez-moi souvent, je serai toujours prêt à vous répondre. Enfin, n'oubliez pas qu'en travaillant pour vous, vous travaillez pour tous, car votre exemple peut encourager et fortifier les indécis, et quelle bonne chose pour un enfant que de pouvoir se dire : « Grâce à moi, tel ou tel a bien fait. »

Mais votre corps, lui aussi, réclame des soins. Il ne vous est pas permis de compromettre imprudemment votre santé par des jeux dangereux et certainement défendus. Vous devez le tenir propre, soigner votre extérieur non seulement parce que votre dignité pourrait souffrir de ce manque de tenue, mais aussi parce que la malpropreté est la source de toutes sortes de douloureuses et dangereuses maladies. Puis, ne faut-il pas que votre corps soit solide et bien portant pour vous aider à remplir vos autres devoirs? C'est lui qui est le serviteur de votre âme, de votre intelligence. C'est là surtout la raison pour laquelle il faut l'entretenir en santé. Comment pourriez-vous souvent faire le bien, si vous êtes malades, souffreteux, impotents, ou même fatigués? Comment vous livrerez-vous à l'étude si la moindre application vous donne mal de tête, si votre vue est affaiblie, si vous êtes incommodés par la souffrance physique?... Vous le voyez, mes enfants, tous nos devoirs se lient les uns aux autres, comme nous sommes tous liés nous-mêmes les uns aux autres par les attaches d'une forte solidarité. Si nous connaissons bien nos devoirs envers nous, nous connaîtrons aussi ceux de chacun, et par cela même nous serons plus disposés à respecter les droits de nos semblables.

L'un de vous va résumer ce que je viens de dire et vous ferez ensuite une petite rédaction sur le sujet suivant : *Un enfant a-t-il des devoirs à remplir envers lui-même? Pourquoi ces devoirs sont-ils importants?*

XVI

**Parmi les méthodes que vous connaissez, quelle
est celle qui vous paraît la plus féconde en
heureux résultats? — Motifs de votre choix.**

DÉVELOPPEMENT

On entend par *méthode* la voie que l'on suit pour
arriver à découvrir une vérité, ou, si elle est déjà
établie, pour communiquer cette vérité à ceux qui ne
la connaissent pas.

Plusieurs pédagogues, attribuant avec raison une
grande importance à la méthode, ont recherché celle
qui leur semblait le plus propre à réaliser leur idéal en
éducation, et c'est ainsi que Rousseau, Pestalozzi, le
P. Girard, Jacotot, etc..., ont attaché leur nom à la
méthode qu'ils avaient imaginée. Mais, quelle que soit
la diversité de ces méthodes particulières, on peut les
ramener toutes à deux grandes méthodes.

L'une, partant des règles que l'esprit humain, après
bien des siècles d'observation, est parvenu à formuler,
les acceptant comme l'expression synthétique de la
vérité, constate leurs rapports avec les exemples particuliers, en tire toutes les conséquences possibles;
c'est la méthode *déductive*, dite aussi méthode *synthétique* parce qu'elle a pour point de départ la synthèse. Elle était la seule employée dans l'enseignement
primaire en France, il y a une dizaine d'années à peine.

L'autre méthode suit un ordre inverse. Elle observe
les phénomènes, les rapproche pour les comparer
entre eux, recherche les causes des différences qu'ils
présentent, et ainsi, de découverte en découverte, par
une série de faits analysés minutieusement, elle arrive
à établir la règle première, fondamentale, qui résume

toutes les observations particulières. Cette méthode, qui procède par analyses multiples pour donner ensuite à la vérité une forme synthétique, est dite méthode *analytique*; on la nomme aussi méthode *inductive*.

A laquelle de ces deux méthodes accorderons-nous la préférence? Laquelle est la plus naturelle? car toute méthode doit être *naturelle*, c'est-à-dire qu'elle tire parti des forces fournies par la nature, et les dirige pour le plus grand bien de l'individu. C'est évidemment la deuxième. En effet, le meilleur moyen de développer les facultés intellectuelles, ce n'est pas d'imposer à l'esprit des règles toutes faites qu'il accepte sans examen, et dont la mémoire essaie tant bien que mal de garder le souvenir. Il est beaucoup plus fructueux, toutes les fois que les circonstances le permettent, d'attirer l'attention sur les faits et d'amener l'esprit, par le jeu de toutes ses facultés, comparaison, jugement, généralisation, raisonnement, à déduire une loi que le langage exprimera avec netteté et concision.

Une telle méthode a l'avantage considérable de faire travailler l'intelligence, et puis elle procure à l'enfant, instinctivement curieux et désireux de connaître, l'incomparable plaisir d'avoir découvert (ou cru découvrir) ce qu'on voulait lui apprendre. Quant à la mémoire, elle retiendra d'autant plus sûrement et plus longtemps que l'émotion due à la découverte aura été plus vive.

Dans la méthode *intuitive*, on emploie presque sans cesse l'interrogation socratique. Cependant le procédé interrogatif ne saurait être toujours et uniquement employé, car il se présente dans l'enseignement des faits nouveaux, précis, que le jugement seul ne peut faire connaître et qui doivent être nécessairement exposés par le maître.

La méthode *inductive* entraîne aussi une certaine lenteur au début des études. Un maître qui la suivrait rigoureusement ferait repasser chaque élève par le long et laborieux chemin que l'humanité a mis des siècles à parcourir. On conçoit qu'avec un tel système, l'homme serait condamné, pour s'instruire, à un travail dont la longueur ne serait pas compensée par les résultats. De là, la nécessité d'ajouter aux procédés de la méthode inductive ceux de la méthode de déduction.

Pour résumer notre pensée sur la question, nous dirons qu'une bonne instruction sera donnée par la combinaison intelligente des deux méthodes. Toutefois, la méthode analytique prédominera dans le jeune âge, parce que, mieux que l'autre, elle éveillera toutes les facultés intellectuelles de l'enfant, et lui fera trouver l'étude aimable. Plus tard, tout en ne négligeant pas l'appel à l'observation ou à la réflexion de l'élève, — condition indispensable pour soutenir l'intérêt et introduire de la variété dans les leçons, — il n'y aura nul inconvénient à se servir plus souvent de la marche déductive. Par suite des bonnes habitudes que l'esprit aura contractées antérieurement, il continuera à entrer naturellement en action, et la méthode déductive permettra de lui fournir en un temps assez court une bien plus grande somme de connaissances.

XVII

Quels moyens emploieriez-vous pour enseigner la grammaire dans les trois cours de l'école primaire?

DÉVELOPPEMENT

D'une manière générale, nous pouvons dire que cet enseignement sera surtout oral et donné selon la méthode inductive. Si nous spécialisons nos observations, voici ce que nous dirons pour chaque cours :

Cours élémentaire. — Les enfants n'arrivent

pas à l'école dans un état de complète ignorance ; si leur vocabulaire est restreint, leur langage incorrect, ils ont, cependant, un petit fonds de connaissances sur lequel nous pourrons nous appuyer et auquel nous aurons sans cesse recours. Leur vocabulaire s'augmentera naturellement par la lecture, et nous corrigerons leur langage par l'enseignement de la grammaire.

Nous disons que nous nous servirons de leurs petites connaissances pour leur en donner de nouvelles. Ce sera là, en effet, le moyen le plus pratique et le plus fructueux pour leur faire comprendre ce que c'est que le **nom** ; nous leur parlerons des objets qu'ils peuvent voir, soit dans la classe, soit chez eux ; nous écrirons au tableau les mots que nous aurons trouvés, et les élèves les transcriront sur leurs cahiers ou sur leurs ardoises. Ce n'est qu'un peu plus tard que nous leur ferons comprendre qu'il y a des noms représentant des choses qu'on ne peut voir ni toucher.

Pour leur donner la notion du **nombre**, nous leur montrerons un et plusieurs objets, nous écrirons au tableau ces mots au *singulier* et ces mots au *pluriel*, nous leur ferons remarquer l'orthographe différente de ces noms. Pour le **genre** nous nous bornerons à leur dire que les mots devant lesquels on met *la* sont *féminins*, et que ceux devant lesquels on met *le* sont *masculins*. En général, les enfants font peu de fautes de cette espèce à moins que les noms ne soient mis au pluriel.

Pour leur faire reconnaître **l'adjectif**, nous nous servirons toujours des objets mis sous les yeux des enfants et nous leur en ferons remarquer la couleur, la forme, la dimension, les qualités, etc... Quant aux adjectifs exprimant des qualités morales, nous les aborderons un peu plus tard, et pour mieux nous faire comprendre de nos élèves, nous leur raconterons une histoire, dans laquelle les mots représentant ces qualités seront fréquemment employés.

Si nous voulons leur faire comprendre le **verbe,** nous leur ferons exécuter des actions, comme marcher, monter, descendre, etc., nous leur apprendrons à distinguer les *trois* principaux temps, présent, passé et futur, en ajoutant un adverbe de temps à l'action, etc. *Je marche à présent; j'ai marché hier,* etc.; quant aux **différences de personnes,** nous nous servirons de nous-même, d'eux-mêmes pour leur faire comprendre la différence qu'il y a entre la personne qui parle, celle à qui l'on parle, et celle de qui l'on parle : *Je parle à Marie. — Marie me parle. — Elle parle de Marie.*

Quels exercices d'application donnera-t-on aux enfants du cours élémentaire? Fera-t-on des dictées? Certainement. Mais ces dictées seront toutes particulières. Elles seront composées d'abord de mots séparés, puis de phrases très courtes; ce seront ensuite des petites histoires très simples, bien comprises des enfants. Ces dictées seront épelées au fur et à mesure qu'on en écrira les mots reproduits au tableau noir. Cet exercice est préférable à la copie qui est un travail monotone et qui ne stimule nullement l'intelligence. Quant aux analyses, on les fera toujours orales, jamais écrites.

Cours moyen. — Dans le cours moyen, nous procéderons aussi par induction, nous partirons de l'exemple pour arriver à la règle (1), mais nous nous montrerons un peu plus exigeants dans la manière de formuler les définitions. Une grammaire deviendra nécessaire, non pour être apprise depuis la première ligne jusqu'à la dernière, mais pour servir de memento à l'élève et pour l'habituer à s'exprimer dans un style plus sévère, en lui faisant retenir de mémoire les principales règles.

Quant à la dictée, nous ne pensons pas qu'elle doive être écrite au tableau noir comme dans le cours élé-

(1) Voir Rocherolles, *Cours élémentaire et moyen de grammaire.*

4.

mentaire, il est temps que les enfants s'habituent à compter un peu plus sur eux-mêmes. Toujours courte, elle sera d'abord lue à haute voix, puis expliquée; les mots difficiles, épelés dans le courant de la dictée qui sera corrigée oralement, chaque élève gardant son cahier.

Le maître s'assurera, après chaque leçon, que la dictée a été corrigée avec tout le soin convenable. Quant à l'analyse, on la fera oralement, de temps en temps, cependant par écrit, ce qui obligera les enfants à écrire correctement les mots *adjectif, subjonctif*, etc. et les termes principaux employés dans cet exercice.

Cours supérieur. — Dans le cours supérieur, on emploiera plus souvent la méthode déductive; car il est temps que les élèves s'habituent à travailler seuls, sans guide; cependant, on n'abandonnera pas tout à fait la méthode inductive. Tantôt, nous ferons trouver la règle par l'exemple; tantôt, nous appliquerons la règle aux exemples énoncés. Le livre sera indispensable dans le cours supérieur; des leçons devront être apprises, mais elles ne seront jamais que le résumé de ce qui aura été expliqué dans la journée. Les définitions de grammaire devront être retrouvées et reproduites sans hésitation et sans faute. Les dictées, plus longues que dans les autres cours, présenteront des difficultés grammaticales plus sérieuses, des mots d'usage dont l'orthographe est difficile. On les tirera, le plus souvent, de nos meilleurs auteurs.

Tels sont les moyens que nous croyons les plus efficaces pour l'enseignement de la grammaire. Cette étude exige de la part des enfants beaucoup d'attention, un effort d'intelligence et de mémoire. A chaque maître, il appartiendra de tirer des procédés généraux énoncés ci-dessus, des applications en rapport avec les difficultés que peuvent lui présenter ses élèves.

XVIII

L'enseignement de la langue maternelle au Cours élémentaire de l'Ecole primaire.

DÉVELOPPEMENT

On se figure généralement que pour les jeunes enfants l'étude de la langue maternelle se borne simplement à la lecture et à l'écriture.

C'est de cette erreur que découlent toutes les fautes commises en cette matière. Car (nous ne cesserons de le répéter) enseigner une langue, ce n'est pas seulement donner l'habitude d'en déchiffrer ou d'en assembler les caractères, c'est encore et surtout fournir les moyens de la bien parler et d'en faire l'instrument docile de la pensée. Laissant donc de côté les procédés mécaniques de lecture et d'écriture, lesquels indispensables, sans doute, voient cependant leur importance diminuer à mesure que l'enfant s'instruit, nous dirons que l'enseignement de la langue maternelle dans le cours élémentaire de l'école primaire comprend deux séries d'exercices, les uns *oraux* et les autres *écrits*.

Les exercices oraux. — Sous cette appellation, nous désignons la *lecture à haute voix, les interrogations, les explications* auxquelles elle peut donner lieu, la *préparation orale des devoirs écrits*. et enfin, les *entretiens instructifs* du maître avec ses élèves.

Par elle-même et indépendamment des connaissances qu'elle fournit, la *lecture à haute voix* est un puissant moyen pour bien enseigner la langue maternelle. Elle habitue les élèves à déchiffrer rapidement les caractères, à employer le ton convenable, suivant les pensées exprimées, à reconnaître les signes de ponctuation et à en apprécier la valeur. Un élève qui lit bien, qui sait naturellement choisir le ton nécessaire, est certainement un élève intelligent.

Envers cet élève, la tâche est facile à remplir, puisqu'elle se borne à cultiver et à entretenir ses bonnes dispositions. Mais il n'en est point de même pour tous. Beaucoup d'enfants ne comprennent pas ce qu'ils lisent, soit parce que leurs regards n'embrassent pas assez rapidement les mots et les phrases dans leur ensemble, soit parce que leur mémoire et leur imagination paresseuses ne leur représentent pas assez vivement, et dans l'ordre nécessaire, les tableaux que leur offre la lecture. Ce sont donc ces derniers qu'il faudra faire travailler, faire lire beaucoup, et souvent à haute voix, car c'est surtout par l'habitude que l'on parviendra à donner à leur lecture la rapidité nécessaire.

Mais lire vite et correctement, ce n'est pas tout; l'important est de faire comprendre aux enfants ce qu'ils lisent. Or les interrogations et les explications seules pourront amener ce résultat.

Un enfant vient de lire une page, une demi-page dans son livre de lecture. Demandez-lui de vous dire ce dont il a été question, et que ce soit là votre première interrogation. Puis, au moyen de questions portant sur les points indispensables du récit, assurez-vous que chacune des parties les plus intéressantes et les plus essentielles pour l'intelligence du morceau ont été retenues; faites résumer la lecture dans son ensemble par un autre élève, en lui disant : « Racontez-moi tout ce que vous venez de lire. » Cet exercice aura un double avantage; d'abord il forcera les élèves à concentrer toute leur attention sur leur travail, puisqu'ils sauront qu'il leur en sera demandé compte ensuite; il les habituera à se servir d'une langue correcte, simple et claire, telle qu'elle est employée dans les livres à l'usage des enfants. Il les formera encore à l'emploi des mots nouveaux pour eux et qui viendront enrichir leur petit vocabulaire; enfin et surtout, il sera pour eux un travail intellectuel, en même temps que mécanique, puisqu'il les obligera à la réflexion interne, à l'observation et au choix des idées à exprimer.

Mais ce procédé d'interrogation ne sera pas exclusivement réservé à la lecture. *Pas un devoir ne devrait être donné dans le cours élémentaire, sans avoir été préalablement préparé par le maître,* oralement et avec le concours des élèves. Nous ne dirons rien de la dictée, dont tout le bénéfice repose sur les interrogations et les explications orales, mais nous insisterons davantage sur d'autres devoirs se rattachant à l'étude de la langue, et que l'on a trop souvent l'usage de donner sans explication.

Supposons, si vous le voulez, des *exercices d'analyse grammaticale,* d'invention ou de copie, peu importe, le procédé étant le même. Le texte une fois écrit au tableau, faites le lire à haute voix par un élève, demandez-lui l'explication des mots dont le sens vous paraît un peu difficile à saisir, puis, à titre de modèle, faites faire oralement à vos élèves une minime partie de leur devoir. Soyez sûr alors que le devoir sera compris et fait avec goût.

S'agit-il d'une petite *rédaction* du genre le plus simple, faites-en d'abord développer à haute voix et tour à tour par les élèves toutes les parties. Habituez-les à énoncer clairement et facilement les idées nouvelles que leur inspire le sujet, toujours très familier, que vous leur proposez.

Ce procédé, on le conçoit, s'applique à tous les devoirs écrits, force les élèves à exprimer souvent leur pensée et par conséquent les habitue au maniement si difficile de notre langue.

Enfin, à tous ces exercices oraux, nous en avons, à dessein, ajouté un qui ne figure pas d'ordinaire dans les études de ce genre. Nous voulons parler des *conver-*

sations familières du maître avec ses élèves (1). Dans ces entretiens dénués de tout apprêt, le maître pourra, s'il veut remplir sa tâche avec zèle et intelligence, faire faire plus de progrès aux enfants dans l'étude de la langue qu'en plusieurs années passées sur la grammaire. La conversation a, en effet, cet avantage de permettre à chacun d'exprimer sa pensée, de laisser chaque enfant employer librement les expressions et les tours qui lui sont familiers sans que rien soit convenu ou préparé à l'avance. Les sujets de conversations, tout en étant toujours pris dans un milieu familier aux enfants, ne devront cependant point se borner aux choses tellement habituelles que ceux-ci ne puissent bientôt plus y rien apprendre de nouveau Que le maître n'y supporte aucune incorrection de langage, aucun terme impropre, aucune prononciation défectueuse. Qu'il redresse la forme en même temps que les petites erreurs de fond que les élèves ne manqueraient pas maintes fois de faire. Que lui-même, il évite tout ce qui serait pédant, prétentieux ou subtil comme ce qui serait vulgaire ou de mauvais goût. Que son langage soit simple et correct comme son extérieur. Qu'il ne chasse point la gaîté et la bonne humeur de ces petits entretiens tout en bannissant une fâcheuse liberté d'où naîtrait bientôt l'indiscipline, mais surtout *qu'il n'ait point l'air de* FAIRE UNE LEÇON, et qu'en corrigeant une incorrection ou un terme local peu ou point français, il ne se pose pas en professeur.

Nous croyons que, de ces conversations familières avec une personne parlant bien et parlant juste, découlera pour les élèves toute une série d'excellents résultats : habitude de s'exprimer avec clarté, de trouver vite le mot nécessaire, de développer une pensée, de faire d'une manière intéressante le récit d'un petit fait, etc., etc...

(1) Voir Chabaud, *Lectures des Français.*

Les exercices écrits. — Quant aux exercices écrits, quoique leur importance ne soit pas contestable, il faut cependant avouer qu'au point de vue où nous nous plaçons, elle est inférieure à celle des exercices oraux. Si ceux-ci sont fréquents et bien conduits, le travail écrit s'en ressentira très certainement puisqu'il sera, à tout prendre, la reproduction des pensées et des phrases déjà préparées à haute voix.

Cependant, à mesure que les enfants avanceront en âge, et dès la première division du cours élémentaire, les exercices oraux diminueront en longueur et en nombre, tandis que les exercices écrits augmenteront. Les observations pour ceux-ci sont en général les mêmes que celles faites pour la préparation à haute voix. Nous y ajouterons le soin matériel à donner aux devoirs et la nécessité de veiller à l'orthographe.

Pour les personnes ayant l'expérience de l'enseignement, de toute évidence *l'orthographe* est de toutes les parties de la langue française la plus difficile à apprendre et à bien savoir.

A notre sens, des *exercices de copie*, sagement distribués, des *dictées grammaticales*, courtes, bien graduées et bien expliquées, de *fréquentes lectures dont le compte rendu pourra être fait par écrit*, et enfin l'étude discrète de quelques *mots d'usage*, sont, pour le cours élémentaire, les seuls moyens dont on dispose pour enseigner convenablement tout ce qui se rattache à l'orthographe de la langue française. Ce qu'il importe, en cette matière, c'est de former chez l'élève la *mémoire de l'œil*, suivant une expression familière et assez juste, et cela ne peut avoir lieu que par la répétition fréquente, assidue et attentive des mêmes mots. Certaines personnes donnent à apprendre des mots d'usage dont l'orthographe est difficile et qui se trouvent classés dans plusieurs recueils. Nous ne blâmons point cette coutume, à la condition, toutefois, d'en faire un pur exercice oral.

On pourra s'étonner que nous ne disions rien ici de l'étude de la grammaire dans le livre à ce destiné. Si nous n'en parlons point, c'est que le rôle de la grammaire ne nous semble pas être d'enseigner la langue, au moins dans le cours élémentaire. Si son étude présente quelques avantages pour les jeunes enfants, c'est simplement à titre de préparation, c'est-à-dire pour leur graver dans la mémoire quelques définitions dont ils auront à se servir plus tard, mais d'une manière discrète; elle ne leur enseigne rien.

On l'a dit bien souvent : « *On apprend la grammaire par la langue et non la langue par la grammaire.* » Cela revient à dire : *la pratique doit précéder la théorie* (1), et celle-ci ne doit être enseignée que comme vérification des usages établis.

Nous ne terminerons pas cette rapide étude sans rappeler que le principal mérite de cet enseignement. c'est d'être éminemment éducatif. Nul instrument ne peut mieux servir une haute inspiration morale, nul, mieux communiquer le souffle des vertus personnelles ou sociales.

En même temps que la langue donne l'éveil à toutes les facultés intellectuelles d'un enfant et qu'elle le met à même d'en produire l'expression au dehors, elle donne aussi, et dans une bien autre mesure, à ceux qui l'entourent, le pouvoir de parler à sa conscience, de l'éclairer et de la rendre maîtresse de l'esprit. Le P. Girard l'avait bien compris, lui qui avait fondé toute sa méthode d'éducation sur l'enseignement de la langue maternelle. Aussi terminerons-nous par ce conseil qu'il donne aux maîtres dans son livre, *De l'enseignement régulier de la langue maternelle* :

« Je voudrais que tous sentissent bien vivement à quel point ils s'avilissent eux-mêmes lorsque, dans

______

(1) Nous recommandons particulièrement le *cours de grammaire* de M. Rocherolles.

l'enseignement de la langue, ils n'ont en vue que les mots et les tournures sans se mettre en peine du noble esprit qui, pourtant, à lui seul, pense, aime, veut et agit, et qui seul encore forme la parole sur les lèvres ou qui la place au bout de la plume pour la retracer aux yeux. Il y a là une déplorable inadvertance qui ne saurait faire honneur à ceux qui se disent les guides de la jeunesse... *Faites servir l'enseignement de la langue à la culture des jeunes esprits et à l'ennoblissement du cœur :* tel est l'appel que j'adresse à tous les instituteurs de l'enfance. »

XIX

L'enseignement de la langue française dans le cours supérieur de l'Ecole primaire.

DÉVELOPPEMENT

On dit souvent, et avec raison, que, *dans les classes élémentaires, l'enseignement qui doit dominer tous les autres c'est celui de la langue maternelle.* Pour cela toutes les études, de quelque nature qu'elles soient, y sont accompagnées d'exercices de langage.

Si cette nécessité ne se fait pas sentir d'une manière aussi impérieuse dans le cours supérieur, elle n'en existe pas moins en réalité. Aussi, dans cette division, comme dans les deux autres, l'enseignement du français doit former la base de toutes les études.

Mais cette affirmation, par cela même qu'elle est très générale, apporte, avec elle, de l'obscurité et peut faire naître dans les esprits de l'incertitude; voilà pourquoi il est bon de déterminer, d'une manière précise, les exercices spécialement destinés à l'enseignement du français dans le cours supérieur de l'école primaire, et en même temps d'indiquer la proportion dans laquelle on doit s'en servir.

L'enseignement de la langue maternelle considéré dans toute son étendue, comprend :

1° *La lecture;*

2° *L'écriture;*

3° *La rédaction et la composition,*

4° *Les exercices grammaticaux et lexicologiques;*

5° *Quelques notions de littérature.*

Nous n'entreprendrons point ici l'étude détaillée de chacune des parties de ce vaste programme, notre but étant plutôt de fixer les incertitudes de la pratique que d'étendre ou de multiplier les aperçus de la théorie. Voyons d'abord et comment et dans quelle mesure on peut se servir de la lecture pour l'enseignement du français au cours supérieur de l'école primaire.

Il ne s'agit ici, bien entendu, que de la *lecture expliquée.* Nous n'avons pas besoin de dire quel merveilleux auxiliaire elle procure à un maître intelligent et zélé. Si pas un mot n'est lu sans être compris; si pas un terme difficile ne passe sans avoir été expliqué; si l'on habitue les élèves à rendre compte clairement des lectures faites; si on les accoutume à rechercher la vraie pensée de ce qu'ils lisent, à la commenter, à en donner l'explication, on trouvera, dans une leçon de lecture, la meilleure, la plus riche et la plus féconde de toutes les leçons de français. Enfin, si l'on joint, à cet exercice oral, quelques exercices écrits du même genre, l'œuvre sera complète; car le travail écrit fixe les idées, oblige la pensée à se dégager plus nette et plus précise, en même temps qu'il exige une certaine perfection de forme dont le langage parlé se passe plus facilement.

Quant à l'*écriture,* nous n'en disons rien ici. Nous

supposons les élèves du cours supérieur habitués d'ores et déjà à écrire proprement et lisiblement, sinon avec élégance, et nous nous contenterons de faire remarquer, en passant, combien il est utile de leur donner des habitudes d'ordre et de régularité, même pour ce très modeste travail.

Nous avons hâte d'arriver à l'exercice le plus important, le plus délicat et le plus difficile de tous, la *rédaction* et la *composition française*. C'est à dessein que nous disons rédaction et composition, car il y a deux genres bien distincts dans cette sorte de travail; la *rédaction* est le compte rendu clair, exact et méthodique de ce qui a été lu, appris ou entendu; la *composition*, bien plus difficile, est un exercice dans lequel l'imagination joue le principal rôle et fournit les éléments les plus importants. Elle demande de l'invention, exige un choix scrupuleux des idées et un ordre logique dans leur classement. On voit, par là, combien sont diverses les facultés exercées par chacune et combien aussi peuvent être différents les résultats qu'elles amènent.

Il nous paraît que l'on devra se servir alternativement de la rédaction et de la composition; car, dans la vie ordinaire, nous avons aussi souvent à imaginer pour exprimer nos pensées qu'à réfléchir pour reproduire celles des autres ou ce qui nous a frappé. Mais, de ces deux exercices, quel que soit celui dont on se serve, il faudra toujours que les sujets proposés soient simples, bien adaptés au milieu dans lequel vivent les élèves, conformes à leurs occupations actuelles ou à celles qui les attendent dans l'avenir. Cependant que cette préoccupation, du côté pratique, ne soit pas poussée à outrance. L'imagination ne mérite pas tout le mal que l'on a dit d'elle. Si Dieu en a si largement doté l'homme, c'est qu'il a voulu qu'il s'en servît pour son bien. Ne laissons donc pas perdre, sous prétexte d'*utilitarisme*, tout ce qu'il y a chez l'enfant de délicat, de fort, de tendre et de puissant à la fois, et, sous prétexte de *rendre service*, n'étouffons pas dans son esprit ce qui ne demande qu'à être bien dirigé pour produire les meilleurs résultats, c'est-à-dire le goût de l'idéal.

Nous demanderons aussi qu'avant de livrer les élèves à eux-mêmes dans le travail de composition française, on leur trace, au moins pendant un certain temps, un petit *plan* que l'on préparera en commun et au moyen d'interrogations orales. Chacun bénéficiera des pensées de tous, et les cerveaux les plus rebelles ne résisteront pas longtemps à cette méthode de préparation.

Les *exercices grammaticaux* comprennent les dictées, les analyses, la conjugaison des verbes et quelques autres petits travaux dans lesquels l'invention a une certaine part, comme les devoirs lexicologiques. Pendant longtemps l'enseignement du français s'est borné à ces divers travaux, et nous devons dire qu'à cette époque, il ne laissait pas que d'être fastidieux, désagréable même. Aussi, par un esprit de réaction fort exagéré, nous semble-t-il, on a mis ou l'on tend à mettre absolument de côté ces exercices. Agir de la sorte, c'est abandonner un abus pour tomber dans un autre. L'étude de la grammaire et les exercices d'application qu'elle comporte ont assurément du bon. Il faut y habituer les élèves. Donnez ici une grande part à la parole, faites de vive voix la plupart de ces exercices, rien de mieux. Mais ne les abandonnez pas tout à fait; ne reculez pas devant la nécessité d'en exiger de temps à autre par écrit. Ce serait tantôt quelques temps d'un verbe, tantôt quelques phrases d'analyse, d'autres fois des mots à transformer, des homonymes à rechercher, etc...

La seule recommandation à retenir, c'est de laisser le plus possible une très large part à l'invention et au travail personnel.

Quant à l'*étude de la grammaire proprement*

dite, c'est-à-dire du livre lui-même, elle nous semble indispensable, quelque aride qu'elle paraisse. Il faut que l'élève puisse trouver dans son livre les définitions et les termes exacts que son inexpérience et son degré de culture intellectuelle ne sauraient lui fournir. La science du langage est, de toutes, celle qui touche le plus à la métaphysique. Comment s'étonner alors que, si nous livrons un enfant à lui-même, il soit muet devant un de nos pourquoi, et qu'il ne puisse donner une définition rigoureusement exacte en cette matière? Le livre ne doit être qu'un auxiliaire du maître, il est vrai, quand celui-ci aura tout expliqué; mais il sera un auxiliaire puissant qu'il ne faut point avoir la maladresse de négliger.

Enfin le couronnement des études françaises, ce seraient quelques *notions de littérature* (1), qui n'ont cependant point encore trouvé place dans le programme rigoureux des écoles primaires. Pourtant peut-il y avoir un enseignement complet d'une langue sans la connaissance des chefs-d'œuvre principaux qu'elle a fait éclore? Nous ne le pensons pas. Nous croyons donc qu'il n'est ni superflu ni difficile de compléter le programme à ce point de vue. On pourra, à l'occasion des lectures faites, parler de nos plus grands écrivains, donner quelques détails sur leur vie et leurs principaux ouvrages, caractériser d'un mot leur génie et passer de la sorte en revue nos grands siècles littéraires.

Mais, dira-t-on, « ce sera fournir là aux élèves un savoir purement empirique tout fait et dont ils ne pourront pas vérifier les données, parce que la culture de fonds leur manquera toujours et que le niveau des études primaires ne permettra à aucun, sauf à quelques rares et heureuses exceptions, de goûter le beau

(1) Voir *Histoire de la Littérature française*, par M. Biays. — *Exercices de mémoire* (cours supérieur), par Delapierre et de Lamarcke.

littéraire et de perfectionner leur jugement à 'ce point de vue ». — Certes, cette objection mérite d'être prise en considération, mais on peut la détruire d'un seul mot : Le but de l'école primaire n'est point de faire des littérateurs, mais d'exercer et de mettre en œuvre toutes les forces vives de l'enfant en se servant de tous les moyens présentés par les études. Le but de l'école est surtout de donner le goût des bonnes et saines lectures. C'est un des plus puissants remèdes à opposer à la littérature malsaine qui nous envahit. Pour cela, mettons de bonne heure les élèves en communication avec les gloires les plus pures de notre pays. La tâche ne sera pas facile, nous le savons, mais si un seul d'entre eux peut les aimer d'abord et les comprendre plus tard, nous n'aurons pas à nous plaindre : nous aurons été payés de nos peines.

XX

La rédaction dans les trois cours de l'Ecole primaire. — Choix des sujets. — Mesure dans laquelle le maître doit préparer et aider les élèves pour cet exercice.

DÉVELOPPEMENT

Il n'y a point de tâche plus laborieuse, plus délicate et plus difficile que celle d'enseigner aux enfants des écoles primaires à écrire correctement, simplement et, si cela est possible, avec une certaine élégance. En effet, beaucoup de choses les disposent peu à ce genre de travail ; le milieu où ils vivent pour la plupart, les conversations qu'ils tiennent comme celles auxquelles ils assistent, leurs lectures, les habitudes d'esprit de leur entourage, tout, en un mot, peut fausser leur goût et le sens délicat que certains pourraient avoir des choses de l'esprit et des finesses du langage. Aussi un maître zélé s'arrête-t-il maintes fois au milieu de son travail, pris par le découragement, au souvenir des efforts presque inutiles qu'il a faits, et en face du peu de résultats qu'il a obtenus.

Disons-le tout de suite et franchement. Certes, dans les difficultés que présente le travail de la *composition française*, il faut faire entrer en sérieuse ligne de compte le manque de préparation antérieure des élèves, mais combien aussi il faut considérer le peu de savoir-faire et l'inexpérience du maître. On donne un sujet quelconque, pris au hasard, inspiré par les circonstances actuelles, parfois heureusement trouvé, mais le plus souvent au-dessus ou au-dessous du niveau intellectuel des élèves. Une fois le sujet dicté, les enfants sont livrés à eux-mêmes sans guide, sans conducteur, sans lumière, au milieu du fouillis d'idées que leur petite imagination ne tarde pas à leur fournir, et qu'ils se hâtent de jeter pêle-mêle sur le papier. Joignons à cela le désir où ils sont tous d'en mettre bien long tout en ayant vite fait, et nous aurons là les motifs pour lesquels nos élèves font si peu de progrès en rédaction, tandis que nous, maîtres, nous nous désolons de leurs retards.

Il doit pourtant y avoir un remède à ce mal presque universel, et, pour notre part, nous croyons qu'il réside surtout dans le choix judicieux des sujets proposés et dans l'aide intelligente que le maître apportera à ses élèves, lorsqu'il s'agira de préparer la rédaction.

Quelles qualités devront présenter ces sujets, et comment le maître aidera-t-il ses élèves à les traiter? Voilà ce que nous allons essayer d'expliquer.

D'une manière générale, on peut dire, lorsqu'il s'agit des sujets à traiter, qu'il ne faut demander aux élèves que ce qu'ils peuvent sûrement donner.

Dans le *cours élémentaire*, l'explication des images

du livre de lecture ou de l'histoire de France les intéressera fort, tout en les habituant à l'observation attentive des choses. Ils pourront encore avoir à rendre
compte d'une lecture à reproduire, une anecdote ra-
contée par le maître, ou être exercés sur des sujets
très familiers, bien connus, et pour lesquels les expressions ne risqueront pas de leur faire défaut.

Dans le *cours moyen*, le niveau s'élèvera ; on abordera la lettre, toujours si difficile, parce qu'elle compose un exercice absolument artificiel, et pourtant
nécessaire ; mais c'est là surtout que les sujets, pour
n'être pas facilement invraisemblables ou faux en eux-
mêmes, devront être empruntés aux circonstances les
plus ordinaires de la vie ; le récit d'une promenade, la
description d'un objet un peu compliqué, forceront les
élèves à l'attention et les obligeront à choisir des
expressions justes et claires. L'explication de quelques
maximes de morale courante, faciles à comprendre et
à appliquer, pourra être donnée aux élèves de la première
division.

Dans le *cours supérieur*, les enfants, convenablement exercés dans les cours précédents, peuvent
aborder des sujets plus difficiles, sans cependant sortir
de la simplicité, qui est le propre des études primaires.
Des narrations, des descriptions peuvent être proposées
sur des sujets fournis par la vue de la nature, par l'histoire, par la géographie, la littérature ou les arts. Un
récit de voyage, la description d'un phénomène céleste
ou terrestre, l'esquisse d'un caractère, donneront lieu
à d'intéressants petits travaux. Nous aimons particulièrement dans ce cours l'explication de quelque fable
ou de sa moralité, le commentaire et l'application d'un
proverbe, d'une pensée féconde, d'une maxime bien
connue. Par cet exercice, achèvent de se former, en
même temps que le style, le jugement et le bon sens des
élèves.

Mais ce n'est pas tout que de bien choisir le sujet à

traiter; il faut maintenant guider les élèves et leur tendre le fil conducteur, qui les aidera à parvenir, sans encombre, jusqu'au bout de leur petit travail. Pour cela, il faudra d'abord s'assurer si les élèves ont déjà quelques idées sur le sujet, leur en faire découvrir s'ils n'en ont point, puis les habituer à mettre en ordre leurs pensées et, enfin, les exprimer convenablement.

Qu'on nous permette ici une remarque. Il ne s'agira point, bien entendu, sous prétexte d'une préparation consciencieuse, de *mâcher* tellement la besogne des élèves, qu'ils n'aient à faire par écrit qu'un travail de mémoire purement machinal. Non, assurément; le maître se donnerait beaucoup de peine et n'atteindrait que des résultats médiocres, car le succès ne serait qu'apparent; ce dont il s'agit, c'est de *guider* l'esprit de l'élève dans son travail de réflexion, dans ce voyage de découverte qu'il fait lui-même sur lui-même. Et cela est d'autant plus difficile que de nombreux écueils sont à éviter. Ces écueils proviennent de la mobilité naturelle à une intelligence jeune qui sort facilement du sujet tracé pour en aborder d'autres, change ou transporte la question, s'attache à des riens, voit sans observer, ou n'observe que la superficie des choses. Ils proviennent encore de la disposition habituelle à certains maîtres de ne considérer comme bonnes que leurs remarques, et de trouver un devoir d'autant meilleur qu'il sera la copie plus fidèle de ce qu'ils ont dit et fait dire. Nous n'insisterons pas sur ce dernier point, dont la critique nous entraînerait trop loin et nous nous contenterons de le signaler, pour engager à y réfléchir.

Mais revenons à l'intervention du maître dans la préparation des sujets. Son rôle est d'abord de faire découvrir des idées si les élèves en manquent et de leur en faire trouver de nouvelles s'ils en ont déjà. Pour cela, il se servira de l'interrogation socratique, merveilleux instrument de discipline intellectuelle qui fait doucement éclore la pensée prête à naître ou qui va chercher jusque dans les replis les plus cachés de l'esprit celle qui s'y dérobe dans le trouble et l'obscurité. Mais ces interrogations, tout en faisant une large part à l'imprévu, ne doivent cependant point être faites au hasard. L'ordre dans lequel elles seront posées rappellera l'ordre logique avec lequel les idées devront ensuite se présenter dans la rédaction. Dans le cours élémentaire, les réponses les plus intéressantes, les plus précises, celles qui renferment des idées générales, celles qui marquent comme des jalons que l'intelligence des élèves retrouvera ensuite de distance en distance dans le cours du travail, pourront être écrites au tableau noir afin de se mieux graver dans l'esprit des enfants. Ce procédé ne nous semble pas convenir aux plus grands élèves du cours moyen ni à ceux du cours supérieur, qui doivent s'habituer à retenir plutôt à l'aide de l'association des idées que de la mémoire les diverses observations faites.

Le sujet donné, une fois approfondi et bien étudié sous toutes ses faces, il sera bon de faire mettre en ordre par un élève les diverses idées émises. Cette mise en place, logique et rationnelle, constituera le plan du devoir, plan qui pourra être fait en entier par le maître quand les élèves ne seront pas familiarisés avec cet exercice, mais dont il abandonnera entièrement le soin aux élèves quand ceux-ci s'y seront progressivement habitués. Ils s'y accoutument, du reste, beaucoup plus vite qu'on ne l'imagine et quelques-uns d'entre eux se font souvent remarquer dans ce genre de travail.

Nous avons la conviction que les devoirs de rédaction préparés consciencieusement, et d'après la méthode que nous venons d'indiquer, procureront au maître non seulement la mesure exacte de l'intelligence et du travail de ses élèves, mais aussi de très grandes satisfactions. S'il joint à cette préparation par interrogations des lectures modèles sur des sujets analogues à ceux qu'il propose, son œuvre sera complète et il réussira certainement... à condition toutefois de persévérer.

Pour faire mieux comprendre ce que doit être cette leçon préparatoire, nous allons essayer d'en donner un exemple. Quelque artificiel que soit le procédé (quoiqu'il s'agit ici d'écrire et non de parler) il jettera peut-être une certaine lumière sur la théorie qui précède. Nous n'indiquerons pas les réponses des élèves, ce qui est inutile pour le sujet. Choisissons le texte suivant, que l'on pourrait proposer aux élèves d'un cours moyen :

Pourquoi peut-on dire sans se tromper : que la douceur vaut mieux que la violence?

« — Voyons, X..., dans ce devoir, que vous demande-t-on de prouver? Lorsque vous avez commis une faute, vous en repentez-vous toujours?... Vous en repentez-vous, si vos parents vous grondent et même vous frappent très fort?... Mais ne vous en repentez-vous pas davantage si votre mère, venant à vous, vous prenant par les mains et vous regardant bien en face, les larmes aux yeux, vous dit d'une voix douce et triste que vous lui avez fait beaucoup de peine?

« ... Oui, je vois que c'est alors que vous ressentez plus vivement la honte de la sottise que vous avez faite. Et comme vous n'êtes pas une exception, comme il en est de même pour tous vos camarades, nous pouvons déjà déduire de ces réflexions une pensée : c'est que... (*Les reproches faits avec douceur nous touchent au cœur bien davantage que la brutalité.*) Nous allons écrire cette phrase au tableau noir.

« Dites-moi encore ce que vous oubliez le plus facilement, d'une leçon qui ne s'adresse qu'à votre mémoire ou d'une parole bonne ou méchante qui va droit à votre cœur? Oui, c'est cette dernière que vous retenez mieux, donc... (*Ce qui nous touche au cœur reste bien davantage dans notre souvenir que ce qui nous a seulement fait mal au corps ou préoccupé l'esprit.*) Nous écrivons au tableau noir cette pensée.

« Enfin, si l'on vous fait mal, si l'on vous traite avec violence, même pour votre bien, qu'en résulte-t-il quelquefois?... Des idées de vengeance, un sentiment de colère, de la haine peut-être même, et le plus souvent de l'antipathie... Que ressent-on au contraire pour celui duquel on n'a reçu que des témoignages de douceur, de mansuétude, de bonté?... Vous me répondez tous que vous éprouvez de la reconnaissance, que vous désirez lui rendre service, que vous l'aimez, etc..., par conséquent... (*Traiter les autres avec douceur c'est se faire des amis, c'est se créer des sympathies et même des appuis pour plus tard, etc.*)

« ... Nous allons encore écrire cela au tableau. Maintenant, relisons ensemble les réflexions auxquelles cette pensée a donné lieu et terminons en la jugeant sommairement, c'est-à-dire en disant si elle nous semble juste et propre à être gravée dans notre esprit... A présent, prenez votre plume et votre papier et dites toutes les raisons pour lesquelles vous croyez que *la douceur vaut mieux que la violence.* »

Cet exemple, que nous avons à dessein beaucoup écourté, est suffisant, nous l'espérons, pour indiquer comment nous comprenons la préparation de la rédaction à l'école primaire.

Mais ce qui ne saurait être indiqué ici, c'est le ton, c'est l'air, ce sont les demi-mots, les pensées à demi exprimées de la part du maître, qui accompagnent cet exercice et facilitent le travail des élèves. En un mot, c'est l'âme de la leçon qui manque ici, nous n'en avons pu donner que la partie matérielle qui, malgré son importance, est encore la moindre

XXI

La leçon de lecture au Cours moyen et au Cours supérieur de l'école primaire.

DÉVELOPPEMENT

Parmi les travaux entre lesquels se partage la journée d'un écolier, nous n'en voyons pas de plus utile et de plus fécond que la *leçon de lecture*.

Non pas cette leçon froide, insignifiante et stérile qui consiste plutôt dans un exercice mécanique que dans un travail d'intelligence ; mais la leçon de lecture bien comprise, qui est à elle seule tout un enseignement et de laquelle on se sert, non plus uniquement pour exercer la volubilité des élèves, mais pour leur inculquer une foule de connaissances qui ne trouvent leur place dans aucune autre section du programme.

Lorsque les élèves parviennent au cours moyen ou supérieur, ils savent lire couramment, trop couramment même, pourrait-on dire, car ils atteignent au point de vue de la rapidité dans le déchiffrage des caractères une habileté qui ne laisse pas que d'étonner parfois. Cependant, peut-on affirmer qu'ils savent lire ?... savent-ils donner à chaque mot l'intonation qui lui convient ? comprennent-ils ce qu'ils lisent et saisissent-ils dans le détail la valeur réelle et le sens exact de chaque phrase, de chaque mot ? Enfin, savent-ils trouver entre toutes les idées développées dans un morceau quelconque, le lien intime qui les unit ; de telle sorte qu'ils puissent, une fois la lecture achevée et le livre fermé, raconter ce qu'ils ont lu en replaçant les idées dans leur ordre naturel et logique ? Nous ne le pensons pas.

Nous ne croyons pas davantage qu'ils n'aient plus rien à apprendre en ce qui touche les sciences, l'industrie, les connaissances usuelles. Et nous ne leur ferons pas injure en disant qu'ils ignorent encore la plupart des grands noms de la littérature française.

Par conséquent, combien est vaste le champ à parcourir! Que de choses à leur enseigner encore et dont la leçon de lecture seule peut fournir l'occasion!

Mais pour obtenir de semblables résultats, il ne faut pas que la leçon de lecture soit et demeure un exercice routinier. Il faut que dans celle-ci, comme dans toutes les autres, le maître fasse passer un peu de lui-même, c'est-à-dire ce qu'il a de savoir, d'intelligence, de *vie*, en un mot, pour activer et féconder un travail qui peut devenir, entre tous, le plus intéressant ou le plus fastidieux.

C'est ce que nous nous proposons de démontrer dans cette courte étude, en même temps que nous indiquerons les moyens les plus propres à tirer le meilleur parti de cette leçon. Cela nous conduit à parler 1° du *choix des sujets;* 2° de la *préparation de la leçon;* 3° de la *part du maître* dans cet exercice; 4° des *travaux écrits qui peuvent l'accompagner.*

1° Choix du sujet. — C'est de celui-ci que dépend le plus immédiatement la valeur de la leçon, quant à ses résultats. Aussi n'est-ce point au hasard et à la fantaisie qu'il faut laisser le choix du sujet. Nous croyons qu'il serait bon de faire alterner des lectures d'ordre scientifique avec des lectures purement littéraires. La leçon de lecture est en effet le seul exercice qui permette de donner dans l'école primaire quelques notions d'histoire et de biographie littéraire. Il nous semble par conséquent que deux livres de lecture ne seraient pas de trop : dans l'un, on trouverait des détails sur les diverses applications des sciences à l'industrie et à la vie journalière (1); dans l'autre, on

____

(1) Voir *les Enfants modèles,* cours moyen et supérieur de lectures, par M. Lavalette.

rencontrerait des fragments des plus grandes œuvres de nos classiques, avec quelques détails sur leur vie, les circonstances dans lesquelles les ouvrages ont été écrits, ainsi que les caractères particuliers de leur génie et de leur style (1).

Mais quel que soit le sujet choisi, qu'il soit toujours à la portée des élèves, c'est-à-dire conforme à leur âge, à leur tournure d'esprit, à leur degré de savoir. Qu'il soit également en harmonie avec le but de l'école primaire, c'est-à-dire qu'il présente souvent un côté pratique et qu'il permette toujours quelques considérations morales.

2° Préparation de la leçon et 3° Part du maître dans cet exercice. — Choisir judicieusement le sujet, c'est bien, mais ce n'est pas tout. Une leçon quelconque n'est pas consciencieusement préparée par cela seul que l'on en a choisi le sujet à l'avance, et il en est de la leçon de lecture comme de toutes les autres. Cette préparation aura donc pour but de déterminer exactement le rôle du maître et de lui marquer quelques jalons qui l'aideront à diriger ses élèves au milieu des nombreuses explications nées de la leçon elle-même.

Il faudra qu'il choisisse à l'avance les questions principales sur lesquelles il voudra appeler spécialement l'attention d ceux-ci, et par questions principales nous entendo. : les questions fondamentales, qu'il devra nécessairement poser, indépendamment de toutes celles que les circonstances, la chaleur de l'improvisation, la spontanéité des élèves pourraient faire naître. Les premières représenteront le minimum de connaissances que les élèves devront retirer de la leçon ; quant aux secondes, elles compléteront les premières,

(1) Voir *Exercices de mémoire*, cours moyen et cours supérieur (2 volumes), par MM. Delapierre et de Lamarche et l'*Histoire de la Littérature française* de M. Biays.

mais pourront être plus brèves sans que le résultat du travail soit compromis.

Ces questions s'adresseront le plus souvent au jugement et parfois à la mémoire, mais, quelles qu'elles soient, la forme socratique qui tient sans cesse l'intelligence en éveil, qui sollicite le jugement et le raisonnement, est de toutes la meilleure.

Nous ne saurions trop le redire : que le maître choisisse à l'avance un fonds de questions portant sur les idées les plus générales de la lecture et que ce soit autour de celles-ci que toutes les autres viennent, pour ainsi dire, se grouper.

Dans quel ordre se fera cet exercice? Il nous semble que le maître pourrait lire d'abord à haute voix tout le morceau ou une partie du morceau choisi. De la sorte, il déterminera le ton à employer, fera sentir les nuances, mettra en relief les idées principales. Puis ce sera le tour des élèves qui, l'un après l'autre, en liront chacun un fragment. Il ne nous semble pas avantageux d'interrompre les élèves au milieu d'un passage intéressant pour leur adresser telle ou telle question, leur donner ou leur demander telle ou telle explication. Il vaut mieux laisser embrasser à l'élève une certaine partie de la leçon avant de le renfermer dans le détail. De plus, l'intérêt que l'on apporte à un récit finit par disparaître si l'on coupe à chaque instant la narration pour appeler l'esprit sur des points de vue nouveaux. Enfin les explications du maître pourront être plus claires et plus complètes si elles portent sur l'ensemble d'un passage que si elles n'ont rapport qu'à un seul mot.

4° Travaux écrits qui peuvent accompagner la leçon de lecture. — Le travail en commun est terminé, la leçon de lecture est achevée. Les élèves ont tous entendu d'excellentes choses, tous semblent les avoir comprises, on peut espérer que tous les retiendront. Cependant nous n'osons point en être sûrs, car nous savons trop, par expérience, combien est volage, inconstante et légère l'attention des enfants. Pour que la leçon de lecture soit vraiment profitable, il faudra la faire suivre d'un travail écrit. Quand la pensée n'est pas fixée par l'écriture, combien vite elle s'enfuit, et quelles impressions fugitives ne laissent pas en nous les lectures et les conversations, même les plus attrayantes, lorsque les circonstances ne nous forcent pas de les écrire, et, par conséquent, de les coordonner et de les revoir en détail?

La leçon de lecture pourra donc donner lieu à divers genres de devoirs écrits. Ce sera, tantôt, une série de questions, rappelant celles déjà posées et résolues à haute voix, ce sera un récit, une narration rappelant les choses les plus intéressantes qui auront été dites. Les élèves pourront encore avoir pour tâche d'imiter le sujet en le reproduisant sous une autre forme, la forme épistolaire, par exemple. On voit, dès lors, que la leçon de lecture peut être un auxiliaire de l'exercice de rédaction, si difficile et si méticuleux pour le maître.

Nous ferons cependant une dernière remarque : c'est que nous voudrions voir tout exercice écrit de ce genre précédé de l'exercice oral correspondant. La leçon de lecture une fois terminée et avant de dicter aux élèves le travail qu'ils auront à faire, le maître fera réviser et coordonner à haute voix, par un ou plusieurs élèves, tout ce qui aura été dit de plus important. Il pourra ensuite leur adresser des questions dans le genre de celles-ci : « Qu'est-ce qui est le plus utile à retenir, dans cette leçon? Quelles conséquences morales peuvent découler de tel fait? Comment apprécierez-vous telle action ou tel personnage? etc., etc. » Ces questions pourront ensuite trouver leur place parmi celles destinées à être traitées par écrit.

Telles sont les observations les plus générales auxquelles peut donner lieu l'exercice de la lecture expliquée dans le cours moyen et dans le cours supérieur de l'école primaire. Ce n'est là qu'une sorte d'esquisse de ce que l'on pourrait écrire sur ce sujet aussi vaste qu'intéressant. Il appartient au zèle et à l'intelligence du maître d'apporter, dans ces exercices, la vie et l'animation qui sont les plus sûrs garants du succès d'une leçon collective.

XXII

De quelle valeur est l'enseignement de l'arithmétique ? Considérer la question au double point de vue utilitaire et intellectuel.

DÉVELOPPEMENT

L'arithmétique est peut-être de toutes les études, celle à laquelle les parents des enfants qui fréquentent les écoles primaires attachent le plus d'importance. C'est qu'en effet, cette étude présente une valeur pratique tout à fait incontestable et que, de très bonne heure, les enfants trouvent à utiliser les notions qu'elle leur fournit.

Examinons en détail les services que rend l'arithmétique tant directement dans la vie usuelle, qu'indirectement par les habitudes d'esprit qu'elle développe en nous.

1° C'est par l'arithmétique que la mère de famille établira le compte de ses dépenses et, par elle aussi, que l'enfant, auquel l'on a appris, à l'école, à compter mentalement, pourra rendre à sa mère quelques services, comme les emplettes à faire au dehors. La ménagère saura vite ce qu'elle a dépensé et ce qu'elle doit rapporter à la maison. Le cultivateur se rendra compte

du moyen d'amender ses terres le plus économique-
ment possible, tout en leur faisant produire davantage;
le fermier calculera la dépense faite pour élever chaque
bête dans ses étables et ses écuries, établira le prix de
revient, le prix de vente et le bénéfice qu'il en peut
tirer. Le capitaliste choisira de même, pour engager
ses capitaux, le placement le plus sûr et le plus avantageux. L'architecte, l'entrepreneur, le charpentier,
le menuisier, l'arpenteur, etc., auront besoin pour
exercer leur métier des notions de géométrie et d'arithmétique qui leur auront été données à l'école. En un
mot, que de métiers et d'industries ne peuvent se passer
de cette science!

2° L'arithmétique est un exercice intellectuel de premier ordre, et c'est à ce titre qu'elle doit être imposée
à tous les élèves. Elle forme l'esprit à la logique, au
raisonnement clair et succinct; elle habitue à tirer
diverses conséquences et une foule d'applications d'un
même principe. C'est, en même temps, une des
sciences qui, tout en pouvant revêtir, aux yeux des
enfants, une forme concrète, favorise le plus le développement de la faculté d'abstraction. A ce point de
vue, son utilité est incontestable, puisque l'enfant, s'il
éprouve le plus souvent une certaine répugnance à
abstraire, doit y être habitué car, pendant le cours de
sa vie, il devra sans cesse faire des abstractions.

3° L'arithmétique est non seulement un moyen d'instruction, c'est encore un moyen d'éducation. Elle aide
l'enfant à découvrir la vérité parce qu'il a été habitué
à n'admettre ni fait sans démonstration, ni change-
ment imprévu, ni variation dans le sens des termes. Il
faut qu'il sente bien qu'il n'a rien accepté sans une
raison claire et démontrée, et qu'il n'a été influencé
ni par l'autorité, ni par la tradition, ni par le préjugé,
ni par l'intérêt personnel.

Disons, pour terminer, que l'arithmétique bien
enseignée est une véritable école de logique populaire

et de bon sens pratique. En mettant au jour les côtés
plus ou moins apparents, plus ou moins éloignés qui
lient certains effets à leurs causes premières, elle peut
servir, d'une part, à rétablir et à propager les vérités
et les pratiques utiles, mais méconnues et négligées;
d'une autre, à combattre, par l'évidence des faits, les
erreurs et les préjugés les plus nuisibles et les plus
répandus.

XXIII

**Moyens d'obtenir le concours des parents pour
assurer, dans l'école, le travail et la discipline.**

Lettre à un jeune instituteur.

Mon jeune ami,

Vous voilà donc bien triste, bien découragé, bien
malheureux, parce que, me dites-vous, malgré vos
efforts, votre zèle, votre savoir et votre étude cons-
tante, vous ne réalisez pas, dans votre école, l'idéal
que vous aviez rêvé d'atteindre, parce que vos enfants
sont paresseux ou indifférents devant l'étude, enfin
parce que l'obéissance et la docilité leur manquent
absolument.

Certes, je ne vous gronderai pas de ces défaillances
qui ne sont pas inconnues même aux caractères les
mieux trempés. Il y a, dans ce que vous m'avez confié,
de quoi être attristé et découragé. Aussi avez-vous
bien fait de venir trouver votre vieux maître et de lui
demander le concours de son expérience pour remonter
votre jeune courage. Ce n'est jamais en vain que vous
ferez appel à son affection et à son dévouement... vous
le savez.

Ce qui m'a le plus frappé dans votre longue lettre,
ce sont moins vos doléances — pardonnez-le-moi —

que la justesse avec laquelle vous avez découvert la source de toutes les misères que vous endurez, des difficultés que vous avez à surmonter dans le présent, et de celles que vous entrevoyez pour l'avenir. Le manque d'unité d'action entre la famille et l'école, voilà, en effet, l'écueil à redouter, la triste cause qui paralyse, la plupart du temps, l'influence bienfaisante d'un maître dévoué. Eh bien! mon cher ami, s'il faut lutter, nous lutterons. Voici votre vieux maître tout prêt à vous armer et à marcher avec vous.

Mais, auparavant, recherchons ensemble les moyens dont vous pouvez disposer pour amener les familles à vous seconder dans l'œuvre d'éducation et d'instruction de leurs enfants.

Les difficultés que vous m'avez signalées ne proviennent-elles pas de deux causes : ou d'une hostilité préméditée et raisonnée ou d'une indifférence coupable, non moins funeste, dans ses effets, que l'hostilité elle-même? Je me hâte de dire, cependant, que l'hostilité se rencontre rarement et qu'il existe, en réalité, peu d'adversaires déclarés de l'instruction ou de ceux qui la donnent. Du reste, alors même que quelques rares familles agiraient sous une semblable influence, ne vous désolez pas. *Hostilité!* voilà un bien gros mot, et cependant (allez-vous me croire?) il vaut mieux, en ce qui touche la question qui nous occupe, trouver des ennemis que des indifférents.

Avec un ennemi, on peut agir de ruse, lorsque la force brutale est interdite; on peut faire appel à l'intérêt, à la raison, et l'on peut espérer, en accomplissant son devoir, de lui ouvrir enfin les yeux et de le ramener à de meilleurs sentiments.

« Mais, me direz-vous peut-être, chez ceux-là l'autorité du maître est tournée en ridicule devant l'enfant,... on ne tient pas compte de ses ordres ou de ses défenses... et, entre le désir de l'instituteur et celui, souvent contraire, de la famille, l'enfant voit toujours ses parents opter pour leurs caprices personnels, au mépris des ordonnances du maître... L'écolier en rapporte à l'école une sorte de dédain pour une parole qui devrait toujours être respectée, une manière affectée de ne s'émouvoir de rien, d'aucune réprimande sur quelque ton qu'elle soit faite, et le maître est mis, dès lors, dans la nécessité d'agir vigoureusement. »

Oui, assurément, lorsque de pareils faits se produisent, vous devez imposer votre volonté et la maintenir. Vous devez même faire appel à l'autorité compétente, s'il y a lieu. Car un enfant, animé de semblables dispositions, serait, à lui seul, la pierre d'achoppement de votre travail et de vos efforts. Si la douceur de vos manières, l'affabilité de votre caractère, votre justice, vos gronderies, d'abord amicales, puis sévères et rigoureuses, n'agissent point, il faudra bien en arriver aux moyens extrêmes, aux punitions que le règlement permet, et, plus tard, à l'appel à une autorité plus redoutée que la vôtre.

Convenons-en toutefois, ces cas sont rares, et c'est plutôt contre l'indifférence que vous avez à lutter. Comment lutterez-vous?

Laissez-moi d'abord vous dire que, d'une manière générale, ma conviction profonde est que l'on n'agit guère avec fruit sur les parents que par l'intermédiaire des enfants; en d'autres termes, donner à l'enfant le goût et le désir de remplir son devoir, d'obéir à son maître, lui faire aimer l'école, c'est le meilleur moyen d'obtenir quelque chose des parents. Cependant, admettons le cas où l'enfant très disposé au travail est sans cesse retenu ou retardé dans sa famille, que ferez-vous?

Cette indifférence peut provenir de plusieurs causes. La plus commune, c'est *l'ignorance*. Souvent des parents, dénués de toute instruction, ne comprennent pas l'utilité de celle-ci. Ne considérant que le résultat immédiat et grossièrement utilitaire, n'envisageant point et ne pouvant même pas envisager l'avenir que procure le savoir, parce que leur culture intellectuelle n'est pas suffisamment développée, ils considèrent comme du temps perdu celui qui est employé à l'étude. Les travaux des champs ou de l'atelier leur semblent singulièrement plus avantageux, et, regrettant les heures que les enfants passent à l'école, ils en abrègent la durée le plus possible.

Avec ceux-là, c'est d'abord, comme je vous le disais plus haut, par l'enfant lui-même que vous agirez sur la famille. Les entretiens, les lectures, où il sera parlé de la nécessité de s'instruire et des bienfaits de l'instruction, seront particulièrement soignés dans votre classe. Vous recommanderez même aux enfants d'en causer avec leurs parents et de leur faire part des réflexions auxquelles un semblable sujet aura donné lieu.

Puis, de temps à autre, voyez vous-même les parents et reprenez avec eux votre thèse. Adressez-vous à leur raison et à leur intérêt bien entendu. Dites-leur, par exemple, combien il est utile d'être instruit pour faire rapporter le plus possible à la terre que l'on cultive, pour soigner convenablement les bestiaux, pour se perfectionner dans un métier quelconque, pour accroître un petit patrimoine, ou pour acquérir quelque chose si l'on ne possède rien. Dites-leur encore qu'il faut bien, après tout, obéir à la loi, et que, puisqu'elle veut que chacun possède une certaine instruction, il est bien plus sage d'obéir sans restriction que de mauvaise grâce, et que, du reste, plus vite l'enfant sera instruit, plus vite on jouira de son savoir et de son travail.

Quand l'ignorance n'est pas la principale cause de l'indifférence des familles, c'est surtout la *pauvreté*, même la *misère*. Dans ce cas, si, parmi les parents auxquels vous avez affaire, il s'en rencontre dans cette triste situation, toute autre sera votre tactique. Vous les verrez se plaire à garder leurs enfants pour les occuper à un travail productif, au détriment des études classiques. Comment arriverez-vous à leur persuader qu'il vaut mieux apprendre l'histoire et la géographie, que de gagner une somme qui, si modeste qu'elle soit, vient cependant en aide aux pauvres ménages?

A ceux-ci, montrez-vous bienveillant et bon. Si la caisse des écoles fonctionne dans votre commune, faites-leur obtenir des secours en nature. Si vous habitez une ville où des *fourneaux* soient établis dans les écoles, veillez à ce que les enfants nécessiteux y trouvent la nourriture gratuite, saine et abondante, que la municipalité met à leur disposition.

Ces moyens que je vous propose, mon jeune ami, seraient peut-être insuffisants pour obtenir la régularité parfaite dans le travail de la classe et dans l'assiduité de vos élèves. Peut-être encore sera-t-il nécessaire d'y avoir recours, pendant un temps plus ou moins long, avant d'en apprécier l'efficacité. Mais, croyez en mon expérience, ne vous lassez pas. On a pu comparer le travail d'un instituteur à celui d'un agriculteur qui laboure, bêche, pioche, tourne et retourne la terre, sème, arrache les mauvaises herbes pendant dix mois de l'année, pour ne récolter que pendant deux mois à peine. C'est qu'à vous aussi, il faut travail, persévérance et patience, pour recueillir les quelques fruits, parfois bien maigres, hélas! de votre dur labeur.

Enfin (et c'est à cela que je reviens), tâchez d'intéresser les parents aux travaux et aux succès de leurs enfants. Que les notes exactes et régulières du *carnet de correspondance* (1) leur prouvent que vous vous occupez sérieusement et en particulier de chaque élève. Faites-les venir vous voir. Quand la chose sera possible, et avec la réserve et avec le tact que comporte

_____

(1) Voir *Carnet de correspondance entre l'école et la famille*, par A. P. de Lamarcle.

une semblable démarche, allez à eux s'ils ne viennent pas à vous. Parlez-leur avec politesse, douceur, modération, sans acrimonie, sans aigreur, comme sans faiblesse. Dites-leur que vous comptez sur eux, et que, du bon accord qui régnera entre la maison et l'école, résultera, pour le présent et pour l'avenir, une bonne partie de leur bonheur et de celui de leur enfant. Flattez un peu leur amour-propre. Faites valoir les bonnes qualités de votre élève, ses aptitudes particulières, reconnaissez-lui une petite supériorité en quelque chose, tout en déplorant que ces heureuses dispositions soient improductives par suite d'inexactitude, de paresse et d'indiscipline. « *Ah ! s'il voulait !* » Voilà une phrase qui n'engage à rien, à laquelle les parents sont toujours sensibles, et qui vous attirera souvent leur aide et leur appui dans bien des cas. Parlez des récompenses, de la distribution des prix, des succès au certificat d'études primaires. Offrez et promettez votre concours aux parents pour leurs petites entreprises particulières, pour le choix de la carrière ou du métier de votre écolier, qui devra trouver en vous plus tard, lorsqu'il aura quitté l'école, un ami sûr et fidèle. En un mot, cherchez le point délicat et sensible sur lequel vous pourrez établir tout votre échafaudage de bonnes raisons et, une fois que vous l'aurez découvert, ne craignez pas d'en tirer tout le parti possible.

Assurément, il faudra varier vos moyens, car vous n'agirez pas de la même manière avec tous les caractères. Par conséquent, avant d'entreprendre une pareille campagne, réfléchissez, observez, et ne risquez vos remarques, vos observations, vos démarches, que lorsque vous savez bien à qui vous avez affaire.

Je n'ai pas besoin d'ajouter que si l'exactitude de vos élèves est rigoureuse, si le travail de la classe est régulier, la discipline scolaire et l'éducation des enfants y gagneront beaucoup.

Le jour où l'appui des familles vous sera acquis,

votre lourde tâche sera diminuée de moitié et les résultats que vous obtiendrez seront doublés. Mais, je vous le répète, et c'est sur ces mots que je termine, soyez patient, courageux et persévérant, aimez vos élèves et donnez-en la preuve à leurs parents et tout viendra à point, croyez-en votre vieux maître.

XXIV

Quelles conditions doit réunir une leçon orale pour être fructueuse?

DÉVELOPPEMENT

Une leçon orale, pour être très bonne, doit réunir un grand nombre de qualités. Laissant de côté l'élocution facile et agréable, le ton persuasif et la physionomie expressive, qualités qui ne dépendent pas complètement du maître, il faut bien l'avouer, parlons de la leçon en elle-même.

D'abord, *qu'elle ne soit point longue*, qu'elle ne s'étende point en disgressions inutiles, car on pourrait, avec raison, lui appliquer ces paroles du célèbre critique :

> Tout ce qu'on dit de trop est fade et rebutant
> L'esprit rassasié le rejette à l'instant.

Non, point de leçon trop longue sous peine de tomber dans le galimatias. Cependant, qu'elle ne soit point trop courte non plus; elle risquerait d'être peu substantielle. Enfin, *que la forme en soit simple*, familière, sans vulgarité, *que son objet soit précis*.

Craignons, cependant, dans le dessein de raccourcir et de simplifier, de tomber dans la sécheresse; *que l'anecdote y trouve sa place* toutes les fois que faire se pourra, car elle donnera la note gaie et réjouissante au milieu d'explications souvent arides, et elle aidera à soutenir l'attention. N'appréhendons point d'apporter cette diversion à notre jeune auditoire. Il pourra peut-être, au moment même, prendre l'accessoire pour le principal, mais ce ne sera là qu'un effet passager; plus tard, le souvenir des faits reviendra très net à l'esprit de l'enfant et l'anecdote en sera comme le signe de rappel.

Pour réduire sa leçon à de justes proportions, le maître n'a-t-il pas un bon moyen à sa portée? Dès le commencement, *qu'il écrive au tableau noir un sommaire succinct des principaux points qu'il veut traiter;* ces jalons, une fois posés, il pourra suivre sa route sans crainte de s'égarer. Qu'il y écrive aussi les expressions sur lesquelles il veut attirer l'attention, soit à cause de leur nouveauté, soit à cause des difficultés qu'elles présentent.

Une leçon, quelle qu'elle soit, n'est point unique sans précédents, sans lien avec quelque chose d'antérieur. Commençons par *établir ce lien au moyen d'interrogations* qui remontent dans les connaissances déjà acquises. Que cette leçon, nouvel anneau d'une longue chaîne, se soude bien aux autres, et qu'elle laisse entrevoir, en même temps, qu'elle aura une suite naturelle, Ce n'est pas seulement au début de la leçon que le maître se servira des interrogations : il sait bien qu'il ne fait point une conférence devant un auditoire muet et passif, et il prendra plaisir à couper son exposé par des questions qui associeront ses élèves à la leçon.

Cet appel à leur jugement, à leur intuition et parfois à leur mémoire, sera toujours agréablement entendu des enfants. De même, s'il s'agit d'une définition, le maître ne l'abordera point de primesaut, mais il y amènera graduellement les élèves par ses questions, de façon que les enfants la trouvent eux-mêmes ou croient la trouver, ce qui donne les même résultats intellectuellement parlant.

En dernier lieu, *la leçon sera brièvement résumée et suivie de quelques courtes questions* par lesquelles le maître s'assure qu'il a été suivi et compris. Il écrira au tableau ou dictera le résumé qui devra servir d'étude aux élèves, à moins qu'il n'ait des livres disposés de telle sorte que ce résumé s'y trouve tout préparé. Une fois appris, ce résumé sera récité à la leçon suivante. On donnera ensuite à l'élève à faire par écrit un travail qui se rapporte à l'ensemble ou à un point particulier de la leçon qu'on aura soin de rappeler dans des révisions fréquentes et nul doute qu'elle ne porte d'excellents fruits.

XXV

Quel est le système disciplinaire que vous choisiriez dans la direction d'une classe ou d'une école? — Motifs de votre choix.

DÉVELOPPEMENT

Lettre à une institutrice.

Ma chère enfant,

A la veille d'entrer dans l'exercice de vos fonctions comme institutrice primaire dans notre grande ville, vous me dites qu'une des choses qui vous préoccupent le plus, ce n'est pas la manière dont vous dispenserez à vos élèves les connaissances que vous possédez vous-même, mais que ce sont les difficultés que vous prévoyez relativement au maintien de la discipline dans une classe de quarante à cinquante élèves. Comment, dites-vous, obtenir de tous ces jeunes esprits l'attention sans laquelle serait perdu le fruit de vos leçons,

si consciencieusement que vous les ayez préparées?
Permettez à votre ancienne maîtresse de vous donner
quelques conseils qui pourront vous guider dans le
choix d'un système disciplinaire, d'où dépendront, en
grande partie, l'ordre et les progrès de votre classe.

Je ne vous parlerai pas de la nécessité de la discipline; vos craintes mêmes me prouvent que vous en
sentez l'importance.

Tout d'abord, *que l'enfant sache très nettement ce
que vous demandez de lui, et ce que vous lui dé-
fendez de faire*. Sans doute, j'admets que sa conscience ne contredira pas vos ordres, mais vous n'ignorez
pas que la conscience de l'enfant est mal éclairée, et
qu'il est peu capable d'écouter une voix qui ne frappe
pas son oreille. Voilà pourquoi je vous engage à écrire
un règlement très précis et assez bref, suffisant pour
prévoir les grosses désobéissances, les fautes graves, et
d'en donner lecture à vos élèves ; questionnez-les ensuite
sur les différents articles de ce règlement, afin d'obtenir, pour ainsi dire, leur approbation. De cette manière, croyez-le bien, quand vous aurez à punir une
infraction au règlement, la punition sera trouvée juste,
ce qui la fera accepter sans murmure, à la condition
qu'elle soit proportionnée à la faute.

Avant de vous énumérer quelques-unes des qualités
que doit avoir toute punition pour être profitable, j'ai
hâte de vous dire : Surtout, *punissez aussi rarement
que possible*. Que de fois j'ai vu de jeunes institu-
trices, animées des meilleures intentions, croire que
leur autorité ne s'établirait dans aucune classe, qu'à la
condition de punir les moindres peccadilles. Comme
elles avaient souvent à exercer des répressions, il en
résultait que les punitions devenant habituelles, n'a-
vaient plus grand effet, et elles étaient toutes surprises
de voir leur zèle aboutir à une insubordination générale. Ne tombez pas dans cet écueil, ma chère amie;
rappelez-vous que nous n'avons pas le droit d'exiger

9.

de nos élèves une perfection, dont nous-mêmes sommes si loin. Et puis, si vous aimez les enfants qui vous sont confiées, et que vous le leur prouviez constamment, vous pourrez souvent faire appel à leurs sentiments; la privation d'un sourire, d'une caresse, sera alors une punition efficace, et vous réserverez les autres pour des fautes plus graves.

Ne punissez jamais dans un moment d'humeur; votre punition paraîtrait une vengeance. Evitez de priver l'enfant des récréations dont il a tant besoin pour sa santé physique et pour son bien-être moral. Supprimez impitoyablement toutes les punitions, telles que lignes, verbes, etc., qui sont sans profit pour l'intelligence, comme aussi sans effet pour l'amélioration morale, à laquelle il faut toujours tendre. Vous savez quelles sont les seules punitions que les règlements scolaires vous permettent; usez-en quand il est nécessaire en vous rappelant qu'il faut aussi tenir compte du caractère d'une élève, avant de lui infliger une punition.

Ce que j'ai dit des punitions me dispensera d'entrer dans beaucoup de détails sur la question des récompenses. Aussi bien, leur emploi exige le même tact. Je me bornerai donc encore à quelques conseils généraux. *Ayez un encouragement pour toutes les bonnes volontés, pour tous les efforts.* Gardez-vous de louer outre mesure des résultats brillants, qui sont dus plutôt à une grande facilité naturelle qu'à un labeur persévérant; vos élèves en viendraient à croire que vous avez des préférences pour telle ou telle de leurs compagnes, et vos actes ne seraient plus jugés impartiaux. C'est toujours à l'effort, plutôt qu'au résultat, qu'il faut proportionner la récompense.

Défiez-vous des éloges ou des récompenses qui exciteraient la vanité des élèves et qui feraient des élues un objet d'envie. Tâchez d'entretenir dans votre classe une saine émulation.

Je crois en avoir assez dit pour guider vos débuts;

l'expérience, mieux que personne, vous éclairera quand il s'agira de passer de la théorie à la pratique. Vous comprenez, n'est-ce pas, qu'un système de récompenses et de punitions, tel que celui dont je vous indique l'esprit, a l'avantage de se concilier avec le sentiment que les enfants ont de la justice ; il fait appel à leur raison et à leur jugement. Sans perdre de vue le développement intellectuel de l'élève, sans songer jamais à entraver son bien-être physique, il vise surtout à élever l'enfant moralement, à le rendre capable de se soumettre, toute sa vie, à la discipline du devoir.

Recevez, ma chère enfant, avec mes vœux et mes encouragements, l'assurance de mes sentiments bien dévoués.

XXVI

Quelles difficultés présente la correction des devoirs d'élève dans l'examen du certificat d'aptitude pédagogique ? Sous la forme de conseils à une aspirante, donnez votre opinion sur ce sujet.

DÉVELOPPEMENT

Lettre à une institutrice.

Ma chère amie,

Parmi les épreuves dont se compose l'examen que vous allez subir, il en est une qui, sous une apparente facilité, cache des difficultés très grandes ; qui exige de votre part une profonde habitude de l'enseignement, l'art d'exposer et de développer clairement vos idées, en même temps qu'une connaissance assez approfondie des matières du programme : c'est la correction d'un devoir d'élève.

Laissez-moi donc, ma chère amie, avec ma vieille

expérience, vous donner là-dessus quelques conseils :

1° Lisez avec attention, d'un bout à l'autre, tout le devoir, sans vous arrêter aux petites fautes que vous pouvez rencontrer en chemin. Si, après une première lecture, vous ne vous êtes pas fait une opinion sur l'ensemble du travail (ce qui peut arriver pour les rédactions de français et les devoirs de style), relisez une deuxième, une troisième fois et même encore davantage si cela ne suffit pas. C'est là, surtout, que *perdre du temps, c'est en gagner*, selon l'expression de Rousseau.

Il importe, en effet, beaucoup au résultat de l'examen tout entier, que vous vous fassiez une idée nette du travail que vous avez à juger, afin que vos observations de détails soient comme la confirmation de l'opinion que vous aurez d'abord exprimée. Pour cela, ne vous pressez pas, jugez, en toute liberté d'esprit, sans excès de sévérité comme sans faiblesse, en un mot, possédez-vous, chose, hélas! plus facile à dire qu'à faire, en un jour d'examen.

2° Après avoir ainsi lu et relu le devoir et avoir consigné à part votre impression, examinez le plan du travail proposé à votre examen. D'abord, y a-t-il un plan? c'est-à-dire l'élève a-t-il eu le projet de développer méthodiquement le sujet, pour en arriver à une conclusion, logique et nécessaire? Si vous ne découvrez pas que l'élève s'en soit proposé un (et il sera facile de vous en rendre compte), signalez d'abord cette lacune. Car, quelque simple que soit le sujet et quelque inexpérimenté que soit l'élève, le maître doit toujours exiger de celui-ci un plan, un projet de travail, où sera consignée l'idée première, celle qui doit suivre et celle par laquelle le devoir doit être fini. L'habitude du *plan* ou *sommaire* du devoir forme l'élève à raisonner juste, à écarter les pensées en dehors du sujet, à mettre dans leur ordre logique et à grouper selon leur importance celles qu'il doit conserver.

3° Etudiez le travail au point de vue de la *composition*. Le sujet est-il compris et suivi? Le devoir est-il bien composé, c'est-à-dire forme-t-il un tout dont les diverses parties sont bien liées entre elles? Ne s'y trouve-t-il pas des détails inutiles, ou mal placés? Telle remarque, qui n'ajoute rien dans tel devoir à la clarté ou à la richesse du sujet, sera indispensable, et dès lors, parfaitement à sa place, dans tel autre. La fin du devoir est-elle bien amenée? N'arrive-t-elle pas trop brusquement? Et, si c'est une lettre, la formule consacrée de l'adieu, ne vient-elle pas tout à coup surprendre le lecteur au moment où il s'y attend le moins?

Faire ces diverses remarques avant d'aborder les détails.

4° *Détails de style.* — Incorrections, — tournures vicieuses, — mots inventés comme en créent quelquefois les enfants, quand l'expression française leur manque, — fautes contre l'euphonie, l'élégance, la rapidité du langage, — fautes d'orthographe, — ponctuation.

Après avoir examiné le devoir sous ces différents aspects, vous indiquerez, dans une note brève et claire, l'impression qu'il vous a produite. Vous le comparerez à celle que vous en aviez reçue dès la première lecture et vous verrez si l'examen détaillé du travail vient confirmer votre impression première. Ce sera de cette note générale que vous ferez part à la commission, quand vous viendrez subir votre épreuve devant elle.

Voici encore quelques autres recommandations relatives à ce travail :

N'oubliez pas que la correction du devoir est une épreuve qui doit avoir quelques-uns des caractères de la leçon. Quand l'occasion s'en présentera, entrez dans des développements suffisants pour que cette correction ne soit pas une sèche et stérile nomenclature de fautes et d'erreurs.

Ne signalez jamais une faute sans la corriger aussitôt. Refaites la phrase mal construite, rétablissez l'orthographe d'un mot, changez un terme impropre; car ce n'est rien que de faire remarquer aux enfants les fautes qu'ils ont commises, il faut encore leur prouver pourquoi il y a faute, et leur indiquer ce qui aurait dû être fait.

Enfin, ne vous laissez pas aller à la déclamation, à l'emphase, à des jeux d'esprit; ne faites pas parade de votre savoir, de l'érudition que vous pensez posséder. S'il se présente une difficulté grammaticale, historique ou autre avec laquelle vous ne soyez pas suffisamment familiarisée, ne la tranchez pas hautement, mais donnez votre avis modestement, sans hardiesse comme sans timidité, en vous servant d'une tournure dubitative qui plaira très certainement beaucoup plus au jury que l'attitude souvent choquante de celui qui se croit sûr de lui.

Mais, surtout, n'oubliez pas que vous vous adressez à des enfants, pour lesquels il faut de la simplicité, de la clarté, de l'exactitude. Tâchez de gagner, dès l'abord, la sympathie de ce petit auditoire un peu artificiel, mais cependant vivant, animé et auquel, en définitive, vous venez apprendre quelque chose. Interrogez-les avec tact et douceur, et faites d'eux, en un mot, vos aimables et gracieux collaborateurs dans cette entreprise si pénible qu'on appelle l'*examen oral.*

DEUXIEME PARTIE

(SUJETS A DÉVELOPPER)

1

En quoi l'étude de quelques notions de Psychologie peut-elle être utile à un instituteur? Quelle méthode pourra-t-il suivre dans cette étude? Dans quelle mesure s'y livrera-t-il?

PLAN

I. — Quand on veut agir efficacement sur une force quelconque ou l'utiliser, il faut la connaître; le plus simple bon sens nous l'ordonne. Le naturel, l'esprit de l'enfant que l'on veut élever et instruire, sont des composés de forces qu'il faut bien connaître pour en savoir tirer parti et pour agir efficacement soit au point de vue moral, soit au point de vue intellectuel. Or, la nature des facultés de l'âme, leur développement, leurs effets, voilà ce qu'enseigne la psychologie.

II. — Cette étude est donc utile :

1° Au maître dont elle facilite la tâche, puisqu'il n'agit plus aveuglément ou au hasard;

2° A l'élève qui n'a plus à subir les tâtonnements pénibles d'une méthode d'éducation et d'instruction non conforme à la marche naturelle de son esprit;

3° A la science elle-même, à laquelle un maître, quelque modeste que soit son œuvre, peut apporter l'utile contingent de ses observations personnelles, de ses remarques, du résultat de ses tentatives, en un mot, le fruit de son travail.

III. — Deux méthodes peuvent être employées dans cette étude : la méthode de *vérification* et la méthode de *découverte*. Par la méthode de *vérification*, le maître contrôle, en les appliquant à ses élèves, les observations des illustres pédagogues qu'il étudie; par celle de *découverte*, il ne prend pour guide que lui-même, marche d'observations en observations, en recueille chaque jour de nouvelles qu'il approfondit, sur lesquelles il réfléchit et qu'il utilise ensuite pour le plus grand bien de ses élèves.

IV. — Quant à *la mesure* dans laquelle ces études doivent être faites, elle dépend absolument d'abord du milieu dans lequel se trouve le maître, milieu qui limite étroitement quelquefois le champ de ses observations; par le degré de culture antérieure du maître, par ses études préalables; enfin, par sa volonté qui l'arrête trop souvent ou qui, au contraire, le stimule sans cesse. Dans tous les cas, *donner à toute étude de ce genre un caractère éminemment pratique*, c'est à cela surtout que l'instituteur doit s'appliquer.

II

On ne cesse de répéter que l'éducation physique est indispensable. D'où provient cette importance? De quels moyens dispose-t-on pour la donner? Conclure.

PLAN

Ce sujet se décompose en quatre parties, dont les deux premières peuvent se confondre en une seule :

I. — II. — Importance de l'éducation physique. — Pourquoi elle est importante?

III. — Moyens de donner cette éducation.

IV. — Conclusion.

I. — II. — Importance de l'éducation physique. — L'importance de l'éducation physique pro-vient des rapports étroits qui existent entre l'âme et le corps et, réciproquement, entre le corps et l'âme. L'intelligence est en général d'autant plus vive et s'exerce d'autant mieux, que le corps est mieux portant. D'autre part, une santé débile ou extrêmement délicate est sou-vent un obstacle au développement de l'intelligence et plus encore à l'acquisition des connaissances destinées à meubler l'esprit. — Mais c'est surtout sur le dévelop-pement moral que la santé peut avoir de l'influence. Il y a des défauts avec des vices qui accompagnent natu-rellement une santé débile. De plus, la puissance de la volonté est presque toujours en raison directe de la force de notre tempérament physique, et qu'est-ce que le caractère d'un individu, sinon autre chose que son tempérament moral? — Le corps étant l'outil et le ser-viteur de l'âme, il faut que celle-ci puisse toujours s'en servir à son gré, ce qui ne peut être sans l'heureux équilibre des facultés du corps, obtenues ou conservées par une bonne éducation physique.

7

III. — Moyens de donner l'éducation physique. — Les moyens pour donner l'éducation physique sont : 1° les *soins généraux* que réclame tout tempérament. Ils se rapportent à l'alimentation, au vêtement, à l'aération et au libre aménagement des locaux, à la propreté du corps, aux exercices corporels dont un des meilleurs est la gymnastique ; 2° les *soins particuliers* nécessités par chaque tempérament d'enfant, ce qui ne peut être prévu à l'avance, parce qu'ils peuvent varier à l'infini comme les tempéraments eux-mêmes.

IV. — Conclusion. — L'éducation physique est donc très nécessaire, et un éducateur ne négligera rien de ce qui peut faciliter l'application des principes de la pédagogie relatifs à cette partie de l'éducation générale.

III

Du jeu chez l'enfant. — Sa raison d'être. — Limites dans lesquelles il est bon de le restreindre. — Ressources pédagogiques qu'il peut offrir.

PLAN

1. — L'amour souvent excessif que les enfants montrent tous pour le jeu a sa raison d'être. En effet, l'activité est le fond de la nature humaine, et chez l'enfant, en particulier, le besoin d'activité se manifeste avec une intensité très remarquable. *Jouer, c'est nature qui parle*, dit Montaigne. Et, en effet, il faut que l'enfant joue pour beaucoup de raisons, dont les principales sont les suivantes :

1° Pour que le corps puisse acquérir la force, la souplesse, la vigueur que, seuls, les exercices un peu violents et fréquents doivent donner ;

2° Pour que son intelligence s'étant reposée pendant la durée des jeux, ou tout au moins y ayant trouvé d'agréables distractions, soit, elle aussi, plus vive, plus souple, quand reviendra l'heure du travail. Le meilleur repos de l'intelligence est le travail corporel agréable. Or, le jeu n'est pas autre chose qu'un travail corporel qui nous plaît.

II. — Cependant il est bon de restreindre les jeux des enfants. Ce qu'il faut éviter, ce sont les jeux brutaux, dangereux ou simplement absurdes, et ceux-là ne laissent pas que d'être fréquents. La santé du corps comme celle de l'intelligence ne doivent jamais être mises en péril par le jeu. Mais les récréations doivent être fréquentes et disposées suivant la durée des travaux classiques, comme nombre et comme durée;

III. — A différents égards, le jeu peut offrir de grandes ressources pédagogiques :

1° Il est un bien pour le corps;

2° Il est un repos, et par conséquent un avantage pour l'intelligence;

3° Il permet au maître l'étude plus féconde du caractère et des habitudes des enfants;

4° Il aide à la formation du caractère des enfants et peut faire naître entre eux la bonne et saine camaraderie d'école, d'où peuvent découler, par la suite, de vrais sentiments d'amitié et l'habitude du support mutuel, si nécessaire dans la vie en société comme dans la vie de famille.

IV

Etablir les rapports nécessaires qui existent entre l'éducation intellectuelle et les deux autres éducations. — Conclure.

PLAN

I. — Définition de l'éducation intellectuelle et des deux autres éducations. — L'éducation intellectuelle a pour objet le développement harmonieux et simultané des facultés de l'intelligence.

L'éducation morale a pour objet de régler la conduite, de former la volonté à suivre les lois du bien, à se conformer au devoir et à le remplir.

L'éducation physique a pour objet de tirer parti des forces corporelles, de les développer, de les régler pour le plus grand bien de l'individu, considéré au double point de vue de sa nature intellectuelle et morale, et de son bonheur dans la vie sociale.

II. — Rapports de l'éducation intellectuelle avec l'éducation morale. — Plus les facultés de l'intelligence seront développées, mieux elles auront été dirigées, plus il sera facile à l'individu de connaître son devoir, de le comprendre et de trouver les moyens à employer pour le bien remplir. Car on est d'autant mieux disposé à l'obéissance envers une loi quelconque, que l'on en comprend davantage l'importance et le but.

III. — Rapports de l'éducation intellectuelle avec l'éducation physique. — L'éducation physique si importante, — par définition même, — ne peut être bien comprise et bien donnée que par des personnes dont l'intelligence est assez développée pour en apprécier les avantages. Pour bien soigner le corps, instrument si précieux de l'âme, il faut avoir fait au moins sommairement, quelques études spéciales (anatomie, physiologie, hygiène); il faut que l'observation de l'éducateur découvre le tempérament de l'enfant, que son jugement sache choisir le genre de vie, les exercices corporels, l'alimentation, la somme de repos qui lui conviennent, etc..., toutes choses qui réclament un effort intellectuel, auquel coopèrent toutes les facultés de l'intelligence.

IV. — Conclusion. — L'éducation intellectuelle est donc bien nécessaire, puisque c'est d'elle que découle la bonne direction imprimée à l'être moral comme à l'être physique. Bien différente de l'instruction qui nous fournit des connaissances plus ou moins pratiques, utilitaires ou simplement agréables, l'éducation intellectuelle forme l'homme dans l'enfant, le prépare pour la vie et le met à même d'utiliser, pour son plus grand bonheur, tout ce qu'il a en lui d'énergie morale et physique.

V

De l'éducation de la volonté. — Montrer son importance dans le domaine moral et dans le domaine intellectuel.

PLAN

I. — *La volonté est le pouvoir que nous avons de nous décider en toute connaissance de cause et de mettre notre décision à exécution.* — Faire l'éducation de la volonté d'un enfant, c'est d'abord l'habituer à se décider quelquefois de lui-même, non sans avoir réfléchi aux conséquences de son acte. C'est ensuite suggérer à l'enfant des habitudes de discipline personnelle, en lui faisant comprendre que l'homme n'est, à proprement parler, un être moral, que lorsqu'il est capable de vouloir sainement et effectivement.

II. — Dans le domaine moral, l'influence de la volonté est donc très considérable, car nous sommes plus ou moins honnêtes et vertueux, suivant que les habitudes de notre volonté nous portent avec plus ou moins de force vers le bon, l'honnête, le vertueux. Et l'on peut dire en ce sens que la vertu n'est autre chose que l'habitude volontairement acquise de nous conformer à la loi du devoir.

III. — Dans le domaine intellectuel, la volonté n'a pas moins d'importance. *Vouloir comprendre, vouloir apprendre, c'est déjà avoir presque compris et appris.* N'est-ce pas la volonté qui domine l'attention, et n'est-ce point celle-ci qui, à son tour, donne une portée, une valeur plus grande à toutes les autres facultés?

Donc l'éducation de la volonté est une des parties les plus sérieuses de la tâche d'un éducateur.

<hr>

VI

La raison : Nécessité et moyens de la cultiver.

PLAN

I. — *Il est nécessaire de cultiver la raison avant tout autre faculté,* car elle est la faculté maîtresse dans l'intelligence humaine. C'est elle qui nous donne les lois de la pensée et des règles de conduite (vérités premières); elle qui nous fournit des notions que nulle autre faculté ne saurait nous donner : idée de temps, de durée, d'absolu, d'infini, etc... C'est à elle encore que nous devons, en grande partie, le don merveilleux du langage parlé et écrit; enfin et surtout c'est elle qui, dans la vie pratique, nous inspire nos décisions, nous les fait contrôler à l'aide de déductions ou en apprécier l'importance en nous servant d'inductions, la plupart du temps spontanées. La cultiver, c'est encore faciliter l'acquisition des connaissances, car il n'y a rien de solide dans l'esprit que ce que la raison s'est assimilé; c'est mettre l'enfant mieux à même d'obéir puisque nous nous soumettons d'autant mieux que nous comprenons le motif des ordonnances. En un mot, et pour tout dire, c'est elle qui est la marque de la *personne* humaine, car si les animaux partagent, avec l'homme, le privilège de certaines facultés (mémoire, imagination), l'homme seul est doué de raison.

II. — *Tous les enfants sont raisonnables*, c'est-à-dire capables de donner des signes de raison. Il est vrai que leur raison est faible, vacillante, semblable, selon l'expression de Fénelon, « à la flamme d'une bougie exposée au vent », mais elle n'en existe pas moins et n'en est pas moins capable de se développer par l'exercice... Les raisonnements des enfants, quelque naïfs qu'ils soient, nous étonnent maintes fois par leur justesse et leur à-propos.

III. — On ne cultive pas la raison des enfants, comme tout autre faculté, à des jours et à des instants précis. On ne donne pas une leçon de raison comme on donne une leçon d'arithmétique. Mais cette culture doit faire le fond de l'éducation et de l'instruction... Cependant *stimuler la curiosité* des enfants, leur *suggérer des observations, répondre à leurs questions,* causer *familièrement* avec eux, *provoquer leur appréciation* sur certains faits ou certains caractères, leur faire envisager les résultats de leurs actions dans l'ordre de l'instruction, *exiger des solutions arithmétiques très claires et très bien ordonnées,* des *devoirs de style faits avec plan et méthode,* nous paraissent être les meilleurs moyens de cultiver la raison chez les enfants.

VII

La camaraderie à l'école primaire. Ses avantages. Ses dangers. Rôle du maître à cet égard.

PLAN

I. — Distinction entre l'amitié et la camaraderie. — L'une est un sentiment profond et durable, fondé sur l'estime réciproque et sur une certaine communauté de goûts et d'idées. L'autre, beaucoup plus légère et superficielle, naît de la communauté des travaux, des efforts, de l'émulation et de l'habitude de vivre ensemble. Cependant, quelque superficielle que paraisse cette disposition, elle n'en a pas moins une valeur éducative, que l'on peut constater en recherchant avec soin ses avantages et ses inconvénients.

II. — Avantages.
1° Elle forme les enfants à la vie sociale par les petits sacrifices qu'elle leur impose nécessairement.

2° Elle met en lumière le caractère des enfants qui se dévoile bien mieux dans leurs rapports mutuels que dans leurs relations avec le maître.

3° Elle donne à l'émulation son véritable caractère, qui ne saurait exister lorsque les enfants ne passent ensemble qu'un temps très court.

4° Elle permet aux enfants de former des liens fragiles d'abord, en apparence du moins, mais qui, avec le temps, peuvent devenir solides et qui aident à la naissance de l'amitié. Les souvenirs des années d'école sont toujours puissants sur les cœurs bien doués.

III. — Dangers. — La camaraderie ne peut constituer un véritable danger que dans le seul cas où elle s'établit entre des enfants de naturel vicieux qui, par la fréquentation et l'exemple, deviendraient plus mauvais encore. — Les autres cas ne présentent que des inconvénients : rapports entre des enfants appartenant à des milieux tout à fait différents, soit comme éducation, soit comme fortune. — On peut craindre aussi que les enfants ne fomentent de petites cabales, ne se soutiennent dans leur indiscipline, n'organisent des semblants de révoltes, etc... Mais ces dangers ou ces inconvénients sont très largement compensés par l'action bienfaisante et féconde de la camaraderie.

IV. — Rôle du maître. — A l'égard de la camaraderie, le rôle du maître est des plus délicats : autant il la favorisera et l'excitera entre de bonnes natures, autant il lui faudra la surveiller et en modérer les élans entre les enfants desquels il se défierait. Mais, dans la plupart des cas, son action se bornera à lui laisser exercer son heureuse influence, limitée qu'elle sera, d'une part, par la discipline, de l'autre, par l'influence toujours prépondérante du maître.

VIII

De quels moyens dispose l'école primaire pour développer le sentiment patriotique chez les enfants?

PLAN

I. — Dans la culture du sentiment patriotique comme dans la culture de tout sentiment, il n'est pas possible d'établir des règles fixes et rigides. En effet, c'est surtout par des influences indirectes que l'on modifie, que l'on restreint ou que l'on étend les dispositions de la sensibilité, et ce ne peut être en les combattant de front ou en essayant de les diriger autoritairement que l'on obtient quelque empire sur elles. Cependant il est des cas où certains moyens directs peuvent être employés, quoique on doive reconnaître que ceux-ci sont très restreints. Donc, deux sortes de moyens, les uns *directs*, les autres *indirects*. Nous n'avons à indiquer ici que les moyens directs.

II. — Moyens directs :

1° Etude de l'histoire nationale, aujourd'hui obligatoire dans toutes les écoles.

2° Développements oraux, faits par le maître, sur les principaux personnages, les paroles célèbres, les actions d'éclat des grands Français (1). Ce sont surtout ces conversations et ces entretiens familiers avec les élèves qui éveilleront ou accroîtront le sentiment patriotique ; car le maître pourra, mieux encore que le livre, s'adresser au cœur de ses élèves, choisir et modifier les sujets suivant le caractère et les habitudes locales, mettre en lumière ce qui peut les intéresser davantage en leur parlant surtout de leur province, de leur ville, de leur village, etc...

3° Les poésies et les chants patriotiques qui, en émouvant la sensibilité, permettent au maître d'arriver plus facilement au cœur et à l'esprit des enfants.

4° La distribution fréquente d'images représentant les grands hommes de notre patrie, en quelque genre qu'ils se soient illustrés, depuis les héros modestes qui ont rendu des services à l'humanité par leurs travaux, jusqu'aux savants qui l'ont enrichie par leurs découvertes et aux grands généraux qui l'ont rendue redoutable à l'extérieur.

----

(1) Voir *Vive la France*, par Hanriot. — *Biographies d'hommes illustres*, par Edgar Zevort.

5° Par le choix des livres donnés en prix ou destinés à former le fond des lectures classiques dans l'école. Jamais, autant qu'aujourd'hui, on n'en a trouvé, en ce genre, d'aussi bons en aussi grand nombre.

6° Enfin, pour les garçons, l'importance que l'on attachera à l'assiduité aux exercices militaires et à tout ce qui est destiné à former, de bonne heure, les enfants à la vie du soldat.

C'est du sentiment patriotique judicieusement cultivé que naîtront, chez les enfants, les vertus qui font les héros et les bons citoyens.

IX

De l'émulation. Ses avantages, ses inconvénients, ses dangers.

PLAN

I. — L'émulation est le plus puissant ressort du travail chez les enfants. Elle les stimule, les excite sans cesse, soutient leur ardeur, leur fait aimer la lutte et les amène à reconnaître que celui qui travaille le mieux et avec le plus d'application est presque toujours celui qui réussit tandis que le paresseux ne peut jamais réussir. Elle développe l'instinct très louable et très fécond de l'amour-propre qui, s'il est dirigé avec discernement, peut avoir les meilleurs' résultats.

II-III. —Mais, quelque excellente qu'elle soit en elle-même, l'émulation présente des inconvénients et même des dangers :

1° Elle peut cacher aux écoliers le véritable but de

l'étude — le savoir — en leur laissant prendre pour un but ce qui n'est en réalité qu'un moyen : le succès dans les études;

2° Elle peut donner naissance à de dangereuses rivalités d'où proviennent trop souvent les disputes, les brouilles et parfois une durable inimitié;

3° Enfin, lorsque le maître n'y fait pas appel avec discernement, elle peut encourager l'orgueil chez les uns, et chez les autres faire naître le découragement qu'engendrent les luttes stériles et le travail dont la récompense se fait trop longtemps attendre.

X

Expliquer et développer cette pensée : *On enseigne d'autant qu'on apprend; celui qui cesse d'apprendre et de se cultiver lui-même devient incapable de cultiver les autres.* (Diesterweg.)

Indiquer les moyens à employer pour éviter les dangers qu'elle signale (1).

PLAN

I. — Tout enseignement de valeur repose sur le savoir judicieux et solide du maître. On ne peut enseigner que ce que l'on sait, que ce que l'on possède parfaitement, non d'une manière superficielle par les mots seuls, mais par les idées que l'on a faites siennes.

(1) C'est à dessein que nous avons reproduit ici un sujet déjà traité page 31; nous désirons prouver par cet exemple à nos lecteurs qu'un sujet peut être traité de deux manières différentes tout en contenant les mêmes idées générales. (L. C.)

II. — L'habitude de l'étude suit les lois de toute habitude : on étudie d'autant mieux et d'autant plus vite, on comprend et on retient d'autant mieux que l'on étudie davantage.

III. — Par contre, et par conséquent si l'on n'étudie pas sans cesse, non seulement on n'acquiert plus, mais on devient incapable d'acquérir par la suite parce qu'il n'y a plus ni ordre, ni suite, ni clarté dans le peu de savoir que l'on conserve, toutes conditions indispensables pour enseigner convenablement.

IV. — Les moyens à employer sont :

1° Bien faire le travail journalier, remplir consciencieusement la tâche quotidienne, quelle qu'elle soit;

2° Faire des lectures à la fois instructives et intéressantes;

3° Se déterminer un but à atteindre par soi-même ou à faire atteindre aux élèves, qui sera une sorte d'idéal dont la perspective encouragera au travail et éloignera de la routine.

XI

Quelles conditions doit réunir un bon livre de lecture courante?

PLAN

Les conditions que doit réunir un bon livre de lecture peuvent être rangées en deux catégories : celles relatives au *fond*, celles relatives à la *forme*, les unes tout *intellectuelles*, les autres toutes *matérielles*.

I. — Conditions relatives au fond :

1° Les sujets doivent être variés, intéressants, touchants même, bien appropriés à l'âge des élèves, fournissant des notions utiles, et mettant en lumière les principes de la morale;

2° Ces sujets doivent être assez nombreux pour qu'il ne soit pas nécessaire de changer de livre de lecture dans le courant de l'année, et cependant le livre ne doit pas être si gros qu'on ne puisse en achever la lecture dans le courant de l'année. Avoir à le lire deux fois, ce serait suffisant.

3° Une gradation intelligente dans le choix des sujets doit avoir été observée. Il serait mauvais d'avoir à expliquer dès les premiers chapitres les plus grandes difficultés et de rencontrer à la fin du volume ce qui peut être, dès le commencement de l'année scolaire et sans préparation préalable, très bien compris des enfants.

4° Le style doit en être simple, facile, clair et bien mis à la portée des enfants. Cependant, il est bon de choisir un ouvrage où se présentent de temps en temps quelques termes nouveaux n'appartenant pas au langage le plus usuel et le plus courant. Ils seront l'occasion d'explications utiles et viendront très heureusement enrichir le vocabulaire des écoliers.

5° Enfin, un bon livre de lecture doit être accompagné d'exercices que le maître peut faire faire oralement ou par écrit.

II. — **Conditions relatives à la forme :**

1° L'impression doit en être très nette et très franche. Les termes qu'il faudra surtout expliquer ou retenir, les phrases importantes, les noms propres de grands hommes pourront être en *italiques* ou en **caractères gras;** mais il serait fâcheux que ces derniers fussent trop fréquents, parce qu'ils perdraient alors toute leur valeur et ne ressortiraient plus comme il convient.

2° Le papier pourra être légèrement teinté de jaune, ce qui est moins fatigant pour la vue des écoliers.

3° Des images assez nombreuses et toujours expliquées, accompagneront le texte. Le maître veillera à ce qu'elles soient très nettes, à ce qu'elles ne choquent ni le goût ni le bon sens, à ce qu'elles soient bien d'accord avec les récits, et à ce qu'elles soient conçues de telle sorte qu'elles servent plutôt à l'instruction qu'à l'amusement des élèves.

4° Enfin, le livre de lecture, destiné à servir chaque jour pendant plusieurs mois, devra être solidement cartonné et d'un format qui permet de le manier et de le transporter facilement.

XII

L'enseignement de l'histoire aux trois cours de l'école primaire.

PLAN

I. — **Caractère général de cet enseignement :** C'est, avant toute chose, un enseignement patriotique qui éveille chez l'homme ce qu'il a de meilleur en lui, l'enthousiasme, et qui cultive ses plus belles facultés : raison, imagination, jugement, mémoire. Aussi, quel que soit l'âge et le degré de savoir des élèves auxquels on s'adresse, l'enseignement de l'histoire devra être à la fois patriotique, suggestif et intéressant. S'il réunit ce triple caractère, il sera rendu facile au maître et utile aux élèves.

II. — **Procédés généraux pour faciliter cet enseignement.**

1° Dès le début, établir nettement la question des origines des peuples et de leur établissement dans les diverses régions de l'univers;

2° Enseigner aux élèves la chronologie par siècles, puis, plus tard, par années;

3° Enchaîner les faits les uns aux autres si étroitement que toute leçon prépare nécessairement la suivante et que celle-ci se rattache exactement, dans la première partie, à celle qui a précédé;

4° Mettre en lumière les principaux personnages, les actions d'éclat, les paroles célèbres de l'histoire nationale, les commenter ou les juger avec les enfants;

5° Se servir du tableau noir où seront inscrits les noms, les faits et les dates les plus mémorables au fur et à mesure de la leçon;

6° Après chaque leçon orale, laisser aux élèves un certain nombre de questions résumant les principales choses qui auront été dites et qui devront être résumées de vive voix ou par écrit à la leçon suivante.

III.— Marche particulière pour chaque cours.

1° **Cours élémentaire :** « C'est surtout pour les leçons d'histoire faites devant les enfants dans le premier âge, qu'il faut user de toutes les ressources de la pédagogie... Se faire acteur, en quelque sorte, et joindre l'action à la parole ; avoir sans cesse la craie ou l'image à la main, pour parler aux yeux en même temps qu'aux oreilles, discerner ce qui peut être dit de ce qui doit être remis au lendemain ou aux années suivantes; choisir des anecdotes, récapituler, se résumer, repasser par les mêmes chemins pour faire la trace plus profonde, pour établir dans les esprits un certain ordre, un certain enchaînement qui soit une trame toute prête pour les enseignements ultérieurs. » (BROUARD.) Emploi fréquent des tableaux, des images et des cartes.

2° **Cours moyen :** Le livre commence à devenir un auxiliaire important, quoique secondaire. La période développée oralement par le maître sera donnée à étudier. On pourra même préparer cette étude à haute voix afin d'expliquer tout ce qui, dans le livre de l'élève, présenterait quelque obscurité. Etude de la chronologie, comparaisons entre des faits et des personnages ayant des traits frappants de ressemblance ou de dissemblance.

3° Cours supérieur : Mêmes procédés que dans le cours moyen. La différence entre les deux enseignements est que, dans celui-ci, on exerce davantage le jugement et que l'on ne se contente pas seulement de l'étude de l'Histoire de France, mais que l'on étudie aussi l'*Histoire générale* (1). Cette dernière partie sera peu développée. Il s'agira surtout de faire savoir aux enfants, qu'il a existé bien avant les nations européennes d'autres nations ayant leur gouvernement régulier, leur civilisation, leurs lois, leur industrie et leur commerce. On leur montrera surtout comment et pourquoi ces nations sont tombées, comment les vainqueurs ont cependant gardé dans leurs mœurs et leur caractère quelque chose des vaincus, et comment, en particulier, la nation française a hérité, en certains points, de ces nations disparues. S'il s'agit des périodes plus modernes, on insistera sur les faits qui se trouvent mêlés à notre histoire nationale, et l'on indiquera sommairement les autres. Les devoirs écrits exigeront des efforts de réflexion et de jugement. On pourra donner une maxime, une parole, un trait d'un grand personnage à expliquer. On exercera les élèves aux parallèles et aux comparaisons. On leur fera dresser des tableaux synoptiques résumant, à un point de vue spécial, toute une période ou toute une époque.

(1) Voir *Petite Histoire universelle*, par M. Edgar Zevort. — *Id. Notions d'Histoire générale*, par le même.

XIII

**Rôle et valeur des interrogations dans l'enseigne-
ment primaire. En déterminer le genre et l'emploi (1).**

PLAN

I. — Rôle et valeur des interrogations : Elles
forment une des parties essentielles de l'enseignement,
car elles sont un moyen de contrôle et de progrès. Elles
montrent si les élèves ont retenu et compris. Elles
indiquent au maître s'il doit de nouveau insister,
faire la lumière sur quelque point déjà expliqué. Il sera
aussi averti des faiblesses de ses élèves et des lacunes
de son enseignement.

Les interrogations peuvent être de deux sortes, suivant le but que l'on se propose, ou affermir des connaissances ou en acquérir de nouvelles.

**II. — Interrogations ayant pour but d'af-
fermir ou de contrôler les connaissances
acquises :** Voici les cas dans lesquels elles sont
employées :

1° Au commencement d'une leçon pour rattacher
celle-ci à la présente ;

2° A la fin de la leçon pour s'assurer d'avoir été
compris ;

3° De temps à autre, et suivant les circonstances, au
courant même de la leçon, pour réveiller ou soutenir
l'attention des élèves, apporter de la variété dans le ton
et empêcher l'engourdissement de la pensée ;

______

(1) Rapprocher ce sujet de celui qui a été donné à l'examen du
Certificat d'aptitude pédagogique le 28 avril 1886. Le voici :

On a dit quelquefois : « Savoir interroger c'est savoir enseigner. »
Montrer ce qu'il y a de vrai dans cette pensée et exposez la méthode d'interrogations que vous suivez dans votre enseignement.

4° Il en est une autre catégorie, différentes en ce qu'elles sont attendues et préparées par les élèves, mais qui tendent au même but. Ce sont celles qui ont pour objet de repasser une partie ou la totalité d'un cours, comme quand il s'agit de préparer les élèves à un examen en les aguerrissant pour plus tard. Elles peuvent avoir lieu à des époques régulières, et il n'est pas mauvais qu'elles soient faites par une autre personne que par le maître habituel dont les enfants arrivent bien vite à reconnaître la *manière* ou les sujets de prédilection. De ce genre sont les interrogations de fin d'année et celles qui constituent l'examen d'entrée dans une nouvelle classe.

III. — Interrogations ayant pour but de faire acquérir des connaissances nouvelles : Celles-ci, d'une bien plus grande valeur et d'une bien plus haute portée que les précédentes, forment le jugement, disciplinent l'esprit en le conduisant graduellement de difficulté en difficulté, jusqu'au point où on veut le mener. C'est, à proprement parler, la méthode socratique qui fait passer l'enfant du connu à l'inconnu, et qui, par une série de questions combinées et calculées à l'avance, tire de son intelligence ce qui y était enfoui, ce qui s'y agite obscurément, mettant en lumière ce qu'il y a en son esprit de meilleur et de plus caché. Toute une méthode d'enseignement, la méthode intuitive, est fondée sur ce genre d'interrogation (1).

IV. — Les interrogations doivent être préparées à l'avance. Qualités qu'elles doivent réunir : Si les interrogations ne sont pas préparées à l'avance, au moins dans leurs plus grandes lignes, on risque souvent d'être pris au dépourvu, ou, pis encore, de commettre des inexactitudes quand il s'agira de répondre à la question que l'on aura étourdiment posée

____

(1) Voir, dans nos *Leçons de Pédagogie*, le chapitre traitant de la méthode socratique, page 217.

soi-même. Si l'on en détermine à l'avance un certain
nombre, si l'on prévoit le plus ou moins de difficulté
que certaines présentent, si l'on cherche à se rendre
compte des points sur lesquels dans telle ou telle leçon
il faudra particulièrement insister, les questions que
l'on fera seront sûrement adressées à propos et résolues avec exactitude et clarté.

Mais il ne s'agit pas seulement de bien *choisir* les
interrogations, il faut encore les *formuler* convenablement, ce qui est plus difficile qu'on ne le pense
communément. De bonnes interrogations seront *va-
riées* suivant l'âge et le degré de savoir des élèves et
aussi suivant la branche d'étude sur laquelle on ques-
tionnera. Elles seront *courtes, nettes, précises, très
claires* et provoqueront une réponse également claire
et précise. Elles ne seront pas pressées, multiples, si
abondantes en si peu de temps qu'elles laisseraient à
peine à l'élève le temps de se recueillir. Elles ne
seront pas vagues, indéterminées ou tellement banales
qu'elles ne pourraient avoir aucune utilité, ou que,
pour être bien comprises, elles exigeraient un trop
long développement. Elles seront bienveillantes, appel-
leront la confiance et exciteront la curiosité. Elles
n'auront rien d'ironique, de moqueur et seront répétées, s'il le faut, même plusieurs fois, sous diverses
formes si le sens n'en a pas été saisi, dès l'abord.
Qu'elles n'aient jamais pour but d'humilier un élève,
pas plus que de faire briller le savoir du professeur.

V. — **Conclusion.** Il est peu aisé de bien interroger. Beaucoup de maîtres qui ne possèdent pas cet
art difficile, soit parce qu'ils l'ignorent, soit parce qu'ils
l'ont dédaigné et n'en ont pas compris la valeur, considèrent l'élève comme seul responsable des réponses
maladroites ou erronées qu'ils recueillent. Quand ils
auront trouvé le secret des bonnes interrogations, ils
auront sûrement trouvé — au moins pour la plupart
des cas — celui des bonnes réponses.

XIV

Utilité des conférences pédagogiques. Comment doivent-elles être conduites pour produire de bons résultats?

PLAN

I. — Leur utilité :

1º Elles achèvent, complètent et perfectionnent l'éducation professionnelle de l'instituteur que l'école normale n'a pu qu'ébaucher;

2º Elles provoquent des discussions, un échange d'idées, d'observations, de réflexions que l'isolement n'aurait jamais fait éclore;

3º Elles tiennnent en haleine l'instituteur par les études et les travaux pédagogiques, auxquels elles l'obligent;

4º Elles établissent ou fortifient des liens de solidarité entre les membres de l'enseignement;

5º Enfin elles permettent à l'instituteur de bien juger ce qu'il vaut, ce qu'il est, ce qu'il peut attendre de lui-même, ce qu'il est en droit d'en exiger, ce qui lui reste à faire pour égaler tel ou tel collègue distingué par son savoir, son expérience et son habileté à juger des choses de l'enseignement.

II. — Leur organisation :

1º *Conférences particulières dans chaque école à plusieurs maîtres :* Elles seraient mensuelles. Le directeur de l'école proposerait un sujet à traiter par écrit dont la lecture serait faite à haute voix au jour de la réunion. Chacun serait appelé à expliquer et à discuter les opinions qu'il aurait émises et qu'il serait invité, à l'issue de la séance, à consigner très brièvement sur un registre disposé à cet effet. Les sujets de ces conférences devraient être essentiellement pratiques et répondre aux besoins ou aux difficultés particulières que l'enseignement ou la discipline peuvent présenter suivant les écoles ou les régions.

2° *Conférences cantonales :* Celles-ci auraient lieu trois fois par an, environ, sous la présidence de l'inspecteur primaire. La matière devant faire l'objet d'une conférence aurait été proposée à l'étude lors de la conférence précédente, ce qui donnerait aux instituteurs le temps d'y songer à l'avance et de recueillir sur le sujet proposé, une série d'utiles observations. Le jour de la réunion arrivé, chacun s'y présenterait avec quelques notes n'affectant nullement le caractère d'un mémoire ou d'un discours, mais méthodiquement classées, brièvement rédigées et rangées sous deux, trois ou plusieurs chefs, selon que la question présenterait une, deux, trois ou plusieurs faces. Chacun pourrait demander la parole à son tour, mais il serait désirable que le tact et le jugement réglassent ces sortes de démarches. En effet, il suffit de réfléchir un peu pour se rendre compte de la valeur de la question que l'on soulève, de son opportunité, de son originalité. Rien ne lasse les assistants et n'entrave le bon résultat de ces sortes d'assemblées comme le désir de parler, même inutilement, ou souvent pour ne répéter, sous une autre forme, que ce qui vient d'être dit. Si chaque instituteur a ses notes sous les yeux, s'il efface, une à une, à mesure qu'elles ont été discutées, les observations qu'il a consignées, s'il ne demande la parole que sur ce qui est d'intérêt général, l'ordre et la discipline régneront dans son esprit d'abord, dans la réunion ensuite, et la conférence pourra enfin produire les résultats qu'on a le droit d'en attendre. Les discussions n'engendrent pas toujours et nécessairement la lumière. Mal préparées ou mal dirigées, elles augmentent encore l'obscurité, fatiguent, lassent et finalement découragent à jamais, non seulement ceux qui ont eu à les supporter, mais aussi ceux-là même qui les ont fait naître.

TABLE DES MATIÈRES

DEUXIÈME PARTIE

SUJETS A DÉVELOPPER

Saint-Denis. — Imprimerie Alcide Picard et Kaan. — D. S. P.

PROBLÈMES DONNÉS AUX EXAMENS DU CERTIFICAT D'ÉTUDES PRIMAIRES

(Pages 172 à 182)

1199. Une marchande a acheté des pommes à 0ᶠ,75 la douzaine. Après un triage convenable, elle en forme trois tas : l'un, de qualité supérieure, comprend le 1/3 de son achat; le second, de qualité moyenne, représente le 1/5, et le troisième, de médiocre qualité, comprend le reste. Elle se propose de revendre la première partie à 1 franc la douzaine, la seconde à 0ᶠ,90, et la troisième à 0ᶠ,80. Dans ces conditions, elle réalisera un bénéfice de 110ᶠ,70. Combien de douzaines de pommes avait-elle achetées?

R. : Bénéfice du 1ᵉʳ lot : 0ᶠ,25 × nombre de douzaines × $\frac{1}{3}$

—   2ᵉ lot : 0ᶠ,15 × nombre de douzaines × $\frac{1}{5}$

—   3ᵉ lot : 0ᶠ,03 × nombre de douzaines × $\frac{7}{15}$

Bénéfice total $\left(\frac{25}{300} + \frac{15}{500} + \frac{35}{1\,500}\right)$ × nombre de douzaines

ou $\frac{41}{300}$ × nombre de douzaines.

Ce nombre de douzaines est donc le quotient de 110ᶠ,70 par $\frac{41}{300}$ ou 810.

1200. Quel est le nombre qui augmenté de 16 devient égal aux 7/3 de sa valeur primitive? *(Manzat, Puy-de-Dôme.)*

R. : Comme $\frac{7}{3} = 1 + \frac{4}{3}$, il en faut conclure que 16 est les $\frac{4}{3}$ du nombre cherché : ce nombre est donc les $\frac{3}{4}$ de 16 ou 12.

1201. Le mètre cube de pierres cassées ne contient environ que 6/11 de mètre cube, à cause des vides. Lorsque le décimètre cube de pierres non cassées pèse $2^{kg},5$, quel est le poids du mètre cube de pierres cassées? *(Trévières, Calvados.)*

R. : Le mètre cube de pierres non cassées pèse $2^{kg},5 \times 1\,000 = 2\,500$ kilog.; donc le mètre cube de pierres cassées pèse $2\,500 \times \frac{6}{11} = 1\,363^{kg},636$.

1202. Un convoi de chemin de fer doit se rendre de Paris à Lyon, distance 512 kilomètres, en parcourant 32 kilomètres à l'heure. Parvenu aux 3/4 de sa course, le mécanicien augmente la vitesse de 6 kilomètres à l'heure. A quelle heure le convoi arrivera-t-il à Lyon si le départ de Paris a eu lieu à 5 h. 30 m. soir? *(Meurthe-et-Moselle.)*

R. : Le temps employé pour parcourir
$$\text{les } \frac{3}{4} \text{ de la route est } \frac{512 \times 3}{4 \times 32}$$
Le dernier quart est parcouru avec la vitesse de 38 kilomètres à l'heure : le temps est donc $\dfrac{512}{4 \times 38}$

Le temps total est donc $\dfrac{512}{8}\left(\dfrac{3}{16} + \dfrac{1}{19}\right) = \dfrac{4 \times 73}{19} = 15$ h. 22 m.

Le départ ayant eu lieu à 5 h. 30 m. du soir,
Le train arrivera à 8 h. 52 m. du matin.

1203. Partager 2 911^f,50 en trois parties telles que la 1re soit égale aux 5/7 de la 2e, et celle-ci égale aux 8/9 de la troisième.

R. : La 3e part étant 1, la 2e sera 8/9, et la 1re sera $\dfrac{8}{9} \times \dfrac{5}{7} = \dfrac{40}{63}$

donc les parts seront proportionnelles aux nombres 63, 56 et 40.
Ce sont donc :   *(Voir règle 328.)*

$$1^{re} \text{ part } \frac{2\,911,5}{159} \times 40 = 740$$
$$2^e \text{ part } \frac{911,5 \times 56}{159} = 1\,036$$
$$3^e \text{ part } \frac{911,5 \times 63}{159} = 1\,165,50$$

1204. Un particulier a du blé qui lui coûte 22 francs l'hecto-litre; il veut le vendre en gagnant les 2/15 du prix d'achat. Quelle quantité doit-il donner pour 88 francs? *(Gironde.)*

R. : Il veut vendre 17 ce qui lui coûte 15; donc l'hectolitre

$$\text{sera vendu } \frac{22 \times 17}{15}$$

$$\text{Pour 88 francs on en aura } \frac{88 \times 15}{22 \times 17} \text{ ou } 3^{hl},53.$$

1205. Un marchand revend 48 mètres 2/3 d'étoffe pour la somme de 500 francs et il réalise un bénéfice de 4 0/0 sur le prix d'achat. Combien avait-il payé le mètre de cette étoffe? — Calculer au moyen des fractions ordinaires. *(Allier.)*

R. : Ce qui lui coûte 100 francs est vendu 104 francs; donc ce

$$\text{qu'il a vendu 500 francs lui avait coûté } \frac{500 \times 100}{104};$$

$$\text{le métrage de l'étoffe étant } \frac{146}{3} \text{ de mètre,}$$

$$\text{le prix d'achat du mètre est } \frac{500 \times 100 \times 3}{104 \times 146} = 9^f,87$$

1206. Un tonneau plein de vin pèse 125 kilogrammes et vide il pèse 18 kilogrammes 5/11. Quel est en onzièmes de kilogrammes le poids du vin?

Quel est le nombre de litres, si le litre de vin pèse 985 grammes? *(Meuse.)*

$$\text{R.} : \text{Le poids du vin est } 125^{kg} - 18^{kg} \frac{5}{11}$$

$$\text{Ce qui se calcule en écrivant } 124\frac{11}{11} - 18\frac{5}{11} = 106\frac{6}{11} = \frac{1\,172}{11} \text{ de kilog.}$$

$$\text{Le nombre de litres est } \frac{1\,172\,000}{11 \times 985} = 108^l,16.$$

1207. Une machine à fouler le raisin peut fouler en 3 heures 9 000 kilogrammes de raisin. Or 148 kilogrammes de raisin donnent 78 kilogrammes de vin et le vin pèse 996 grammes le litre. On demande combien de litres de vin cette machine pourra produire en 5 jours, en travaillant 8 heures par jour. *(Haute-Garonne.)*

R. : 1° Poids du raisin foulé obtenu par règle de trois simple :

$$\frac{9\,000 \times 40}{3} = 120\,000 \text{ kilogrammes.}$$

$$2° \text{ Poids du vin } \frac{120\,000 \times 78}{148}$$

$$3° \text{ Nombre de litres de vin } \frac{120\,000 \times 78 \times 1\,000}{148 \times 996} = 63\,497^l,23$$

1208. L'hectolitre de blé pèse 72 kilogrammes et fournit les 5/6 de son poids de farine ; 3 kilogrammes de farine donnent 4 kilogrammes de pain. Combien faut-il de litres de blé dans une année de 365 jours à une personne qui mange en moyenne 540 grammes de pain par jour?   (*Meuse.*)

R. : 1º Poids du pain mangé dans une année : 540×365

2º Poids de la farine employée pour faire le pain $\dfrac{540 \times 365 \times 3}{4}$

3º 100 litres de blé fournissent en grains $72\,000 \times \dfrac{5}{6}$ de farine ou 60 000. Le nombre de litres de blé est donc :

$$\frac{540 \times 365 \times 3 \times 100}{4 \times 60\,000} = 246^{\text{l}},375 \text{ de blé.}$$

1209. On a vendu deux parcelles d'un champ qui représentent ensemble les 2/5 de la totalité. La partie restante vaut 1 800 francs. Trouver la surface totale du champ, le prix du mètre carré étant de 0$^\text{f}$,34.

R. : Ce qui reste du champ étant les $\dfrac{3}{5}$ du tout, le champ entier vaut $\dfrac{1\,800 \times 5}{3}$.

Le prix du mètre carré étant 0$^\text{f}$,34, l'étendue du champ est

$$\frac{1\,800 \times 5}{3 \times 0,34} = 8\,823 \text{ mètres carrés.}$$

1210. Un ouvrier gagne 80 francs par mois ; il dépense 2/5 de son gain pour son entretien et envoie le 1/4 à ses parents. On demande quelle somme il lui reste au bout de l'année.   (*Seine.*)

R. : Gain total 80×12.   Dépenses $\dfrac{2}{5} + \dfrac{1}{4} = \dfrac{13}{20}$

Il lui reste donc les 7/20 de son gain ou $\dfrac{80 \times 12 \times 7}{20} = 336$ fr.

1211. Une propriété est ensemencée, la 1/2 en blé, le 1/3 en pommes de terre, et le reste en maïs ; il y a 15 ares de plus en blé qu'en pommes de terre. Quel est le rapport total de la propriété, sachant que l'are donne en moyenne 1$^\text{f}$,35 de revenu net?
                    (*Haute-Vienne.*)

R. : La différence $\dfrac{1}{2} - \dfrac{1}{3}$ vaut $\dfrac{1}{6}$

Le sixième de la propriété contient 15 ares ; donc la propriété contient 15×6 et le revenu net est $1,35 \times 15 \times 6 = 121^\text{f},50.$

1212. On emploie trois ouvriers pour faire un certain ouvrage. Le 1er le ferait en 12 jours en travaillant 10 heures par jour. Le 2e le ferait en 15 jours en travaillant 6 heures par jour. Le 3e le ferait en 9 jours en travaillant 8 heures par jour. On demande : 1° en combien de temps les trois ouvriers travaillant ensemble feront l'ouvrage; 2° ce que chacun d'eux en fera; 3° ce qu'il gagnera, l'ouvrage total étant payé 216 francs.

R. : En 1 heure le 1er ouvrier fait $\dfrac{1}{120}$ de l'ouvrage

$$—\quad— \text{ le } 2^e \quad— \quad— \quad\dfrac{1}{90}\quad—$$

$$—\quad— \text{ le } 3^e \quad— \quad— \quad\dfrac{1}{72}\quad—$$

Ils feront donc ensemble, en 1 heure $\dfrac{1}{120} + \dfrac{1}{90} + \dfrac{1}{72}$ de l'ouvrage

$$\text{ou}\quad \dfrac{3 + 4 + 5}{360} = \dfrac{1}{30}$$

1° Il faut, par suite, 30 heures pour faire le tout.

2° Le 1er fera $\dfrac{30}{120}$ ou $\dfrac{1}{4}$ de l'ouvrage

$$\text{Le } 2^e \quad— \quad\dfrac{30}{90} \quad\text{ou}\quad \dfrac{1}{3}\quad—$$

$$\text{Le } 3^e \quad— \quad\dfrac{30}{72} \quad\text{ou}\quad \dfrac{5}{12}\quad—$$

3° On partage 216 en parties proportionnelles

$$\text{à } \dfrac{1}{4},\ \dfrac{1}{3} \text{ et } \dfrac{5}{12},\ \text{ou à } 3, 4 \text{ et } 5$$

Ce qui donne pour le 1er. . . . . 54 francs
—   —   2e. . . . . 72 —
—   —   3e. . . . . 90 —

1213. Un bassin pouvant contenir 8 hectolitres, reçoit chaque heure 75 litres 3/4 par un premier robinet; 86 litres 2/3 par un deuxième, et perd 64 litres 4/5 par un troisième. On ouvre les trois robinets ensemble; au bout de combien de temps le bassin sera-t-il plein ?   *(Paris.)*

R. : En 1 heure le 1er robinet donne $\dfrac{303}{4}$ de litres

$$—\quad— \quad 2^e \quad— \quad— \quad\dfrac{260}{3}\quad—$$

$$—\quad— \quad 3^e \quad— \quad\text{perd } \dfrac{324}{5}\quad—$$

En 1 heure le bassin augmente de $\dfrac{303}{4} + \dfrac{260}{3} - \dfrac{321}{5} = \dfrac{5\,857}{60}$

Il faudra donc $800 \times \dfrac{60}{5\,857} = 8$ h. 11 m., pour remplir le bassin.

1214. Un père et son fils doivent faire un travail en 15 jours. Le fils fait trois fois moins d'ouvrage que son père. Au moment de commencer, le fils tombe malade et le père travaille seul. Au bout de combien de jours aura-t-il achevé le travail?

(Seine-et-Oise.)

R. : Quand le père fait 3, le fils fait 1; le père devait donc faire les $\dfrac{3}{4}$ de l'ouvrage en 15 jours; donc pour faire le tout il emploiera

$$\frac{15 \times 4}{3} = 20 \text{ jours}$$

1215. Un propriétaire a un champ de 6 hectares 25 ares. Ce champ lui a rapporté 21 hectolitres de blé par hectare; il a revendu ce blé 21 francs l'hectolitre. Combien a-t-il de bénéfice net, si les frais de culture se sont élevés aux 2/5 de la valeur du blé?

(Seine.)

R. : Le champ a rapporté $24 \times 21 \times 6{,}25$.

Les frais valant les $\dfrac{2}{5}$ de cette somme,

Le bénéfice net en est les $\dfrac{3}{5}$, ou $24 \times 21 \times 6{,}25 \times \dfrac{3}{5} = 1\,890$ fr.

1216. Retranchez 2/7 de $0^f,63$? (Paris.)

$$\textbf{R.} : \quad \frac{63}{100} - \frac{2}{7} = \frac{241}{700} = 0^f,344$$

1217. Un mari et sa femme consomment une pièce de vin de 228 litres en 6 mois. Au mari seul elle durerait 300 jours, combien de temps durera-t-elle à la femme seule? (*Nord.*)

R. : Le mari boit par jour $\dfrac{1}{300}$ de la pièce et les deux boivent par jour $\dfrac{1}{180}$

La femme boit donc $\dfrac{1}{180} - \dfrac{1}{300} = \dfrac{7}{3060}$ de la pièce.

La pièce lui durera donc $\dfrac{3060}{7}$ ou 437 jours.

1218. On achète pour un pensionnat $15^{kg},353$ de viande à $0^f,90$ le 1/2 kilog. S'il y a 3/7 d'os qui n'ont aucune valeur, on demande à combien revient le kilogramme sans les os? (*Haute-Saône.*)

R. : Le kilogramme avec os coûte $1^f,80$, c'est la valeur des $\dfrac{4}{7}$

de kilogramme de viande sans os; donc le kilogramme de viande sans os vaut $\dfrac{1^f,80 \times 7}{4} = 3^f,15$

1219. Un propriétaire a vendu le 1/3 de sa récolte de vin à 40 francs l'hectolitre; les 3/4 du reste, à raison de 35 francs l'hectolitre, et enfin les 25 hectolitres qui lui restaient encore à raison de 30 francs. Quelle somme ce propriétaire a-t-il retirée en tout de sa récolte de vin?   (*Tarn-et-Garonne.*)

R. : La 1re vente étant $\dfrac{1}{3}$ du tout

La 2e vente est $\dfrac{2}{3} \times \dfrac{3}{4}$ ou $\dfrac{1}{2}$

La 3e vente est donc $\dfrac{1}{6}$ du tout, et comme il y a 25 hectolitres, c'est que la récolte était de $25 \times 6 = 150$ hectolitres.

$$1^{re} \text{ vente} \quad 40 \times \dfrac{150}{3} = 2\,000 \text{ francs.}$$
$$2^e \quad - \quad 35 \times \dfrac{150}{2} = 2\,625 \text{ francs.}$$
$$3^e \quad - \quad 30 \times 25 = \underline{750 \text{ francs.}}$$
$$\text{Total de la vente.}\,\,.\,\, 5\,375 \text{ francs.}$$

1220. Les 3/4 du bois que contient un magasin ont été vendus 900 francs, à raison de 15 francs le stère. Combien de stères sont restés en magasin, et quelle en est la valeur?   (*Vienne.*)

R. : Il reste en magasin le tiers de ce qui a été vendu, c'est-à-dire $\dfrac{900}{15} \times \dfrac{1}{3}$ ou 20 stères.

La valeur de ce reste est $\dfrac{900}{3} = 300$ francs.

1221. Un ouvrier, chargé d'un travail, en fait d'abord les 0,4, puis la 1/2 du reste, termine enfin son ouvrage, et reçoit 9 francs pour cette dernière partie. Quelle somme lui a rapporté l'ouvrage entier?   (*Vienne.*)

R. : Le 1er reste est $\dfrac{3}{5}$, dont la moitié est $\dfrac{3}{10}$

Le 2e reste est donc $\dfrac{3}{10}$

Cela lui est payé 9 francs; donc le tout sera payé $\dfrac{9 \times 10}{3}$ ou 30 fr.

1222. Une lampe brûle 18 grammes d'huile à l'heure; on la laisse allumée en moyenne 3 h. 20 m. par soirée; 10 kilogrammes 8 hectogrammes de l'huile employée coûtant 16^f,20, quelle est la dépense pour 30 jours?   *(Nord.)*

R. : Dans les 30 jours, la lampe restera allumée un total de 100 heures; elle aura consommé 1 800 grammes d'huile, dont le prix est $\dfrac{16,2 \times 1\,800}{10\,800} = 2^f,70$

1223. Une couturière et son apprentie confectionnent ensemble 4 douzaines de chemises à raison de 2^f,50 par chemise.

Elles font 3 chemises en 2 jours. Le travail de l'apprentie étant évalué la moitié de celui de sa maitresse, on demande le gain total et le salaire journalier de chacune.   *(Nord.)*

R. : A elles deux elles gagnent 2^f,5 $\times$ 48 = 120 francs.

Quand la couturière gagne 2, l'apprentie gagne 1; donc l'apprentie gagne le tiers de 120 francs ou 40 fr., et la couturière 80 fr.

Le temps employé pour faire le travail est $\dfrac{48 \times 2}{3} = 32$ jours.

Le salaire journalier est donc :

$\dfrac{80}{32} = 2^f,50$ pour l'ouvrière. — $\dfrac{40}{32} = 1^f,25$ pour l'apprentie.

1224. Une ménagère a tiré de son poulailler 684 œufs qu'elle a vendus, savoir : 228 à 0^f,85 la douzaine, 171 à 1^f,20 la douzaine et le reste à 0^f,84 la douzaine. Pour la nourriture de ses volailles, elle a acheté 12 décalitres 1/2 de grains à 0^f,13 le litre et pour 7^f,69 de son. Dites le prix de revient d'un œuf et le profit total que la ménagère a réalisé.   *(Morbihan.)*

R. : Prix de vente :

$$0,85 \times \frac{228}{12} + 1,20 \times \frac{171}{12} + 0,84 \times \frac{285}{12} = 53^f,20$$

Dépense : 0,13 $\times$ 125 $+$ 7,69 = 23^f,94
Bénéfice total : 53^f,20 — 23^f,94 = 29^f,26

Prix de revient d'un œuf $\dfrac{23,94}{684} = 0^f,035$

1225. Une personne se sert de bouteilles telles que 4 ont la même capacité que 3 litres. Combien lui en faut-il pour mettre en bouteilles une feuillette de vin de 114 litres, qui lui coûte 85 francs et à combien lui revient la bouteille de vin?   *(Cantal.)*

R. : $\dfrac{114 \times 4}{3} = 152$ bouteilles.

$\dfrac{85}{152} = 0^f,56$ la bouteille.

1226. Une personne se sert de bouteilles, telles que 4 d'entre elles ont la même capacité que 3 litres, pour mettre en bouteilles une feuillette de vin de 114 litres, qui lui coûte 92 francs. A combien lui revient la bouteille?   (*Nord.*)

R. : $\dfrac{114 \times 4}{3}$ nombre de bouteilles.

Prix de revient de la bouteille : $92 \times \dfrac{3}{114 \times 4} = 0^f{,}60$

1227. Pour 162 francs on a eu 15 mètres de soie de deux qualités, savoir : 9 mètres de la première et 6 mètres de la seconde. Le prix du mètre de la seconde étant les 3/4 du prix du mètre de la première, on demande le prix du mètre de chaque sorte.

(*Nesle, Somme.*)

R. : En ajoutant à 9 fois le prix de la 1re, 6 fois les $\dfrac{3}{4}$ de ce même prix, on obtient 162 francs.

Donc 162 égale le prix de la 1re multiplié par $\left(9 + \dfrac{3}{4} \times 6\right) = 13{,}5$

On obtient le prix de la 1re en divisant 162 par $13^f{,}5$, ce qui donne 12 fr. Le prix de la 2e est alors 9 francs.

1228. Pour faire une robe, une marchande emploie 16 mètres d'étoffe valant $1^f{,}75$ le mètre; la façon et la garniture coûtent les 5/7 du prix de l'étoffe. On demande combien elle a gagné par robe en en vendant 15 pour $815^f{,}25$?   (*Seine. — Filles.*)

R. : Coût d'une robe $1{,}75 \times 16 + 1{,}75 \times 16 \times \dfrac{5}{7}$

ou $1{,}75 \times 16 \times \dfrac{12}{7} = 48$ francs.

Prix de vente d'une robe $\dfrac{815{,}25}{15} = 54^f{,}35$.

Bénéfice par robe $54{,}35 - 48 = 6^f{,}35$.

1229. Réduire les fractions 1/3, 7/21, 21/63, 105/315 au plus petit dénominateur commun.   (*Paris.*)

R. : Il faut d'abord simplifier les fractions; elles deviennent

$$\frac{1}{3}, \quad \frac{1}{3}, \quad \frac{1}{3}, \quad \frac{1}{3}$$

Le plus petit dénominateur commun est donc 3.

1230. Trois frères ont à se partager une succession : la part du 1er doit être les 5/12 de la succession, celle du 2e, les 4/5 de celle du 1er, et la part du 3e égale 9 000 francs. On demande le montant de la succession et la part de chaque frère. *(Seine.)*

R. : La part du 2e est les $\frac{4}{5}$ des $\frac{5}{12}$ du tout ou le $\frac{1}{3}$

Les deux premiers prennent ensemble les

$$\frac{9}{5} \text{ des } \frac{5}{12} \text{ du tout, ou les } \frac{3}{4}$$

Donc il reste pour le 3e le quart : il vaut 9 000 francs; donc le tout vaut 36 000 francs.

La part du 1er vaut $36\,000 \times \frac{5}{12} = 15\,000$ francs.

$$— \quad 2e \quad — \quad 36\,000 \times \frac{1}{3} = 12\,000 \text{ francs.}$$

1231. Un pré de 3 hectares 15 est loué, au moment de la fenaison, savoir : le 1/5 pour 150 francs, le 1/4 pour 120 et le reste pour 85 francs. A combien revient le quintal de foin, sachant qu'un décamètre carré en a produit en moyenne 28 kilogrammes 1/2? *(Ardennes.)*

R. : Location totale : $150 + 120 + 85 = 355$ francs.

Produit de la récolte en quintaux : $\dfrac{28,5 \times 315}{100}$

Prix du quintal de foin : $\dfrac{355 \times 100}{28,5 \times 315} = 3^f,954$

1232. En tirant 25 litres 5/7 d'un fût de vin, on en réduit le contenu à ses 3/7. Combien ce fût renfermait-il de litres de vin? *(Gironde.)*

R. : Les $\frac{4}{7}$ du fût valent $25\frac{5}{7}$

Donc le fût contient $\left(25 + \frac{5}{7}\right) \times \frac{7}{4} = 45$ litres.

1233. Dans un jour, un ouvrier fait le 1/3 d'un ouvrage; dans un autre jour, il fait le 1/4 du reste. — Quelle fraction de l'ouvrage lui reste-t-il alors à faire? Combien l'ouvrage lui sera-t-il payé, s'il a gagné 4 francs dans la seconde journée? *(Aube.)*

R. : Dans la 2e journée, il a fait le $\frac{1}{4}$ des $\frac{2}{3}$ de l'ouvrage, ou $\frac{1}{6}$; il a donc fait $\frac{1}{2}$ de l'ouvrage, il lui reste à faire la moitié. Le $\frac{1}{6}$ est payé 4 francs; le tout sera payé 24 francs.

1234. Une troupe d'ouvriers ferait un ouvrage en 5 jours, une autre troupe le ferait en 8 jours. Combien faudra-t-il de temps pour le faire à la moitié de la 1re troupe, jointe au tiers de la seconde?

R. : La 1re troupe fait $\frac{1}{5}$ de l'ouvrage en 1 jour;

La moitié de cette troupe en fera $\frac{1}{10}$

Le tiers de la seconde fera $\frac{1}{24}$ de l'ouvrage;

Réunis, ils feront $\left(\frac{1}{10} + \frac{1}{24}\right)$ ou les $\frac{17}{120}$ de l'ouvrage en

1 jour; ils emploieront donc $\frac{120}{17} = 7$ jours et $\frac{1}{17}$

1235. Les 2/3 d'une succession étant partagés également entre 5 héritiers, chacun d'eux reçoit 15 425 francs. Quel est le montant de la succession?   (*Orne.*)

R. : Les $\frac{2}{3}$ de la succession valent $15\,425 \times 5$

La succession vaut donc $\dfrac{15\,425 \times 5 \times 3}{2} = 115\,687^{f},50$

1236. Un fermier a vendu successivement les 2/9 des 3/8, puis le 1/6, puis les 17/24 de sa récolte de blé. Le reste est réservé à la consommation intérieure de sa maison, qui comprend 15 personnes en moyenne.

Sachant qu'une personne consomme 17 doubles décalitres de blé par an, on demande, en hectolitres, l'importance de cette récolte.
                         (*Seine. — Garçons.*)

R. :
$$\frac{3}{8} \times \frac{2}{9} = \frac{1}{12}$$
$$\frac{1}{12} + \frac{1}{6} + \frac{17}{24} = \frac{23}{24}$$

La partie réservée est donc $\frac{1}{24}$ de la récolte.

Consommation d'une personne : 340 litres par an;
Consommation de 15 personnes : 340×15;
Récolte totale en hectolitres :
$$\frac{340 \times 15 \times 24}{100} = 1\,224 \text{ hectolitres.}$$

1237. Une personne achète, à $9^{f},75$ le mètre, une pièce de drap dont la moitié contient 21 mètres. Il se trouve que 1/15 de la pièce est gâté et ne peut être vendu. Combien doit-elle revendre le mètre pour ne rien perdre sur son marché?   (*Ardennes.*)

R. :   Il faut vendre $\dfrac{14}{15}$ de mètre, $9^f,75$;

Le prix du mètre est alors $\dfrac{9,75 \times 15}{14} = 10^f,44.$

1238. Un fût est rempli de vin aux 3/8 de sa capacité et il s'en faut de 0,96 d'hectolitre qu'il soit plein en totalité. Quelle est la contenance de ce fût?   (*Meurthe-et-Moselle.*)

R. : $\dfrac{96 \times 8}{5} = 153^l,6.$

1239. On achète une pièce d'étoffe de 70 mètres à raison de 7 francs les 5 mètres, et on la revend 25 francs les 14 mètres; dire le bénéfice sur la vente de la pièce d'étoffe. (On doit, pour résoudre le problème, employer les fractions ordinaires.)   (*Seine.* — Filles.)

R. :   Prix d'achat de 1 mètre : $\dfrac{7}{5}$

Prix de vente de 1 mètre : $\dfrac{25}{14}$

Bénéfice par mètre : $\dfrac{25}{14} - \dfrac{7}{5} = \dfrac{27}{70}$

Bénéfice total : $\dfrac{27}{70} \times 70 = 27$ francs.

1240. Lorsque les 3/4 d'un mètre de drap valent 12 francs, que valent les 5/7 d'un mètre de drap?   (*Pas-de-Calais.*)

R. :   Le mètre vaut $\dfrac{12 \times 4}{3}$

Et les $\dfrac{5}{7}$ valent $\dfrac{12 \times 4 \times 5}{3 \times 7} = 11^f,43.$

1241. Un propriétaire a vendu les 4/7 d'une pièce de terre de 3 458 mètres carrés, à raison de 658 francs l'are et le reste à $5^f,70$ le mètre carré. Combien a-t-il reçu pour le tout?

(*Seine, Vincennes, 1885.*)

R. : $6,58 \times 3\,458 \times \dfrac{4}{7} + 5,70 \times 3\,458 \times \dfrac{3}{7}$

$$= \left(6,58 \times 4 + 5,7 \times 3 \right) \times \dfrac{3\,458}{7} = 21\,449^f,48$$

1242. Un cultivateur loue un hectare de terre 90 francs, le laboure, le fume, et sème 2 hectolitres de blé coûtant $22^f,40$ l'hec-

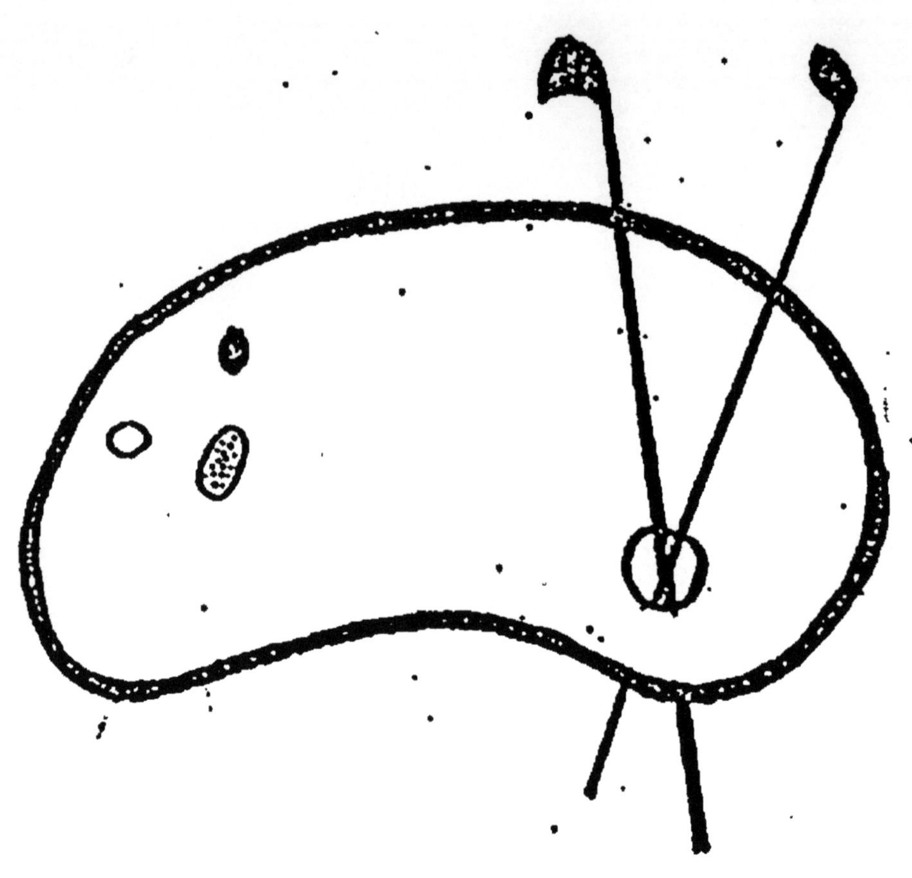

www.ingramcontent.com/pod-product-compliance
Ingram Content Group UK Ltd.
Pitfield, Milton Keynes, MK11 3LW, UK
UKHW020206130726
13696UKWH00002B/754